LANGENSCHEIDTS
SCHREIBÜBUNGSBUCH
CHINESISCH

von
Wolf Baus
in Zusammenarbeit mit
Gao Jianqiu

LANGENSCHEIDT

BERLIN · MÜNCHEN · WIEN · ZÜRICH · NEW YORK

Langenscheidts Schreibübungsbuch Chinesisch
Eine Einführung in die chinesische Schrift
von Wolf Baus
(Mitarbeiter am Sinicum im Landesspracheninstitut Nordrhein-Westfalen)
in Zusammenarbeit mit Gao Jianqiu

Fotos und Materialbeschaffung: Wolf Baus
Illustrationen: Harry Jürgens (S. 26, 36, 45, 59, 65, 68, 69, 82, 91, 99, 113, 119, 126, 132, 135, 136, 137, 164)
Redaktion: Susanne Brudermüller

Der Lektionsteil mit den Übungen beginnt auf S. 22.
Die Lösungen zu den Übungen finden Sie auf S. 155 ff.

Titelfoto: Chinesischer Schriftenmaler
(Reisebüro Kuoni AG / Zürich–Schweiz)

Auflage:	*5.*	*4.*	*3.*	*2.*	*1.*	*Letzte Zahlen*
Jahr:	*2000*	*1999*	*98*	*97*	*96*	*maßgeblich*

© *1996 Langenscheidt KG, Berlin und München*
Satz: Zeichensatz W. Kleinbach, Kiel
Druck: Druckhaus Langenscheidt, Berlin-Schöneberg
Printed in Germany / ISBN 3-468-49395-9

Vorwort

Aus gutem Grund nennt sich dieser Band *Schreibübungsbuch Chinesisch* und nicht etwa *Einführung in die Welt der chinesischen Zeichen*. Er ist zunächst als Begleitband zum *Praktischen Sprachlehrgang Chinesisch* konzipiert; sein erstes Ziel ist es, den Lerner in die Lage zu versetzen, in chinesischen Zeichen schreiben zu können, was er dort zu sprechen gelernt hat. Unter diesem Gesichtspunkt wird verständlich, was sonst verwirren könnte: die Auswahl der Zeichen und die Reihenfolge, in der sie vorgestellt werden. Gleichwohl kann dieses Übungsbuch auch jedem anderen Lerner nützlich sein, der sich bereits mit den Strukturen der chinesischen Sprache vertraut gemacht hat und nun einen Zugang zum Schreiben und Lesen der Schriftzeichen sucht.

Das *Schreibübungsbuch* macht mit Schreibung, Lesung und Bedeutung von 412 Schriftzeichen vertraut; das bedeutet nicht, daß sie alle zu den 500 häufigsten gehören. Wenn manches wichtige Zeichen nicht vorgestellt, das ein und andere relativ unwichtige aber aufgeführt wird, erklärt sich das allein aus den Vorgaben, die der *Sprachlehrgang* macht. Der Lerner soll so bald wie möglich die erste Lektion dieses Lehrgangs auch schreiben können, und ein Text, der dort möglichst authentische Gesprächsabläufe einüben will, kann nicht nur aus einfachen und meistgebrauchten Zeichen bestehen.

Wenn sich das *Schreibübungsbuch* bezüglich der Reihenfolge, in der die Zeichen vorgestellt werden, weitgehend an den *Sprachlehrgang* hält, heißt das nicht, daß eine Lektion dort einer Lektion im Übungsbuch entspräche. Es wären dann jeweils zu viele Zeichen geworden. So wurde das Material der zwölf Lektionen des *Sprachlehrgangs* auf 29 Lektionen in diesem Buch verteilt. Jede von ihnen macht mit der Schreibung von etwa 13 Zeichen vertraut und übt sie dann zusammen mit den bereits bekannten ein. Nach zwei bis drei Lektionen im *Schreibübungsbuch* kann der Lernende dann eine Lektion des *Sprachlehrgangs* schreiben bzw. in Zeichen lesen. Die 30. Lektion stellt in einer Art Nachtrag noch etwa 50 Zeichen in Strichfolge und Bedeutung vor, Zeichen, die entweder relativ selten geschrieben werden (wie z.B. 糟) oder – wenngleich häufig gebraucht – im *Sprachlehrgang* nur ein- oder zweimal auftauchen (wie z.B. 打).

Viele Zeichen haben mehrere Bedeutungen, oft zu viele, als daß sie sich alle in eines der kleinen Kästchen hätten zwingen lassen. Es werden dann nur die häufigsten Bedeutungen genannt bzw. solche, die im *Sprachlehrgang* zum Tragen kommen. Der Lernende ist aufgefordert, sich immer wieder durch einen Blick ins Wörterbuch einen Überblick über die Bandbreite der Bedeutungen eines Zeichens zu verschaffen und spielerisch zu testen, welche der dort aufgeführten Zeichenkombinationen er inzwischen lesen und verstehen kann.

Im Anhang dieses Buches finden sich zwei Indizes, die unterschiedlichen Bedürfnissen entgegenkommen möchten. Im Strichzahlindex werden alle Zeichen nach ihrer Strichzahl aufgelistet, d.h. wer sich der Aussprache und Bedeutung eines Zeichens nicht mehr entsinnen kann, zählt die Striche und findet im Index die Aussprache, einen Hinweis, in welcher Lektion des *Schreibübungsbuchs* es vorgestellt wird und unter welcher Nummer. Der Ausspracheindex soll helfen, wenn Sie nicht mehr wissen, wie eine Silbe als Zeichen geschrieben wird, er listet alle Zeichen des Buches in alphabetischer Reihenfolge auf und informiert, in welcher Lektion und unter welcher Nummer Sie es finden.

Schließlich finden Sie Anmerkungen zu einzelnen Schriftzeichen, Anmerkungen, die Ihnen Schreib- und Merkhilfen sein möchten: Hinweise auf häufige Anfängerfehler sowie zur Etymologie von Zeichen, soweit sie als Merkhilfe nützen können. Die Etymologie mancher Schriftzeichen ist umstritten. Viele in China populäre Erklärungen gehen auf ein Lexikon aus dem 2. Jahrhundert u.Z. zurück. Zu dieser Zeit wußte man noch nichts von den Orakelknocheninschriften, die erst Ende des 19. Jahrhunderts, ja zum größten Teil erst in unserem Jahrhundert entdeckt wurden und oft eine ganz neue Deutung der Herkunft eines Zeichens erzwangen. Manche Erklärungen, längst wissenschaftlich unhaltbar, werden gleichwohl als Vulgäretymologien weitergegeben, weil sie mit Blick auf die heutige Schreibung des Zeichens plausibler und damit einprägsamer erscheinen. Ohne den Anspruch zu erheben, die korrekte Etymologie eines jeden der in diesem Buch vorgestellten Zeichens zu kennen, haben wir uns nicht selten unter dem Gesichtspunkt, wie weit eine Erklärung als Merkhilfe taugen könnte, bewußt für die wissenschaftlich überholte entschieden, zumal diese auch meist den Chinesen vertrauter ist.

VERFASSER UND VERLAG

Der Lektionsteil mit den Übungen beginnt auf S. 22.
Die Lösungen zu den Übungen finden Sie auf S. 155 ff.

4

Einführung in die chinesische Schrift

Buchstaben und Schriftzeichen

Um ein Buch zu schreiben, mußte der Mensch erst die große Kunst erfinden, Töne zu malen. Er mußte also unsichtbare Gegenstände, wie die Töne sind, durch sichtbare Zeichen, wie die Buchstaben sind, vor das Auge zu bringen suchen, schrieb in der zweiten Hälfte des 18. Jahrhunderts der Gelehrte Karl Philipp Moritz in seinem *Versuch einer kleinen praktischen Kinderlogik.* Zwar wußte man seinerzeit, daß nicht jede Schrift eine Buchstabenschrift ist und daß etwa die Chinesen keine Buchstaben schreiben, doch zeigt das Zitat, daß solche Kenntnis auch die Gebildetsten nicht davor bewahrte, Schrift spontan mit Buchstaben und damit Schrift grundsätzlich mit Lautschrift gleichzusetzen.

Uns Europäer, denen in der Regel nur Lautschriften vertraut sind, mag das chinesische Schriftzeichen zugleich erschrecken und faszinieren. Daß es so viele dieser Zeichen gibt, erschreckt uns, während uns ihre Schönheit auch dann fasziniert, wenn wir noch keines der Zeichen verstehen. Selbst wenn wir nicht wissen, was da geschrieben steht, kann uns eine chinesische oder japanische Kalligraphie entzücken, wie uns eine schöne abstrakte Graphik entzücken mag. Wobei der Konsens, daß schön sei, was uns noch so gar nichts bedeutet, eher noch größer sein dürfte als bei der Einschätzung einer Graphik. Man hat in den USA vor Jahren ein interessantes Experiment gemacht, hat Leuten, die von chinesischen Schriftzeichen nichts wußten, eine Serie von Zeichen als Dias vorgeführt, sie dabei hin und wieder seitenverkehrt oder kopfüber projiziert und hat die Versuchspersonen raten lassen, wann ein Zeichen richtig und wann es falsch gezeigt wurde. Die „Trefferquote" lag bei gut neunzig Prozent. Was zum einen zeigt, daß die chinesischen Schriftzeichen unter ästhetischen Gesichtspunkten als stimmig erscheinen, zum anderen, daß sich die Kriterien für das, was ästhetisch „stimmt", in Ost und West nicht wesentlich unterscheiden. Wir brauchen uns also über unsere Faszination nicht zu wundern; und diese wird nur noch verstärkt durch das Wissen, daß diese Zeichen auch etwas bedeuten. Eher mag es verwundern, daß sie in unserem Kulturkreis nicht schon immer faszinierten, daß man einst durchaus resistent war gegenüber ihren magischen Qualitäten. So schreibt Moritz' berühmterer Zeitgenosse Herder: *Welch ein Mangel an Empfindungskraft im Großen und welche unselige Feinheit in Kleinigkeiten gehört dazu, dieser Sprache aus einigen rohen Hieroglyphen die unendliche Menge von 80.000 zusammengesetzten Charakteren zu erfinden. Welch unseliger Fleiß gehört zum Pinseln ihrer Schriften. Diese Schrift entnervt die Gedanken zu Bildzügen und macht die ganze Denkart der Nation zu gemalten oder in die Luft geschriebenen willkürlichen Charakteren.*

Man findet wohl keinen zweiten Text, der so mit Attributen gespickt ist, die allesamt von heftigen Ressentiments gegenüber den chinesischen Schriftzeichen künden, und es fällt uns schwer nachzuvollziehen, was Herder zu solchen Ausfällen provoziert haben mag. Unkenntnis? Wir werden im folgenden klarstellen können, daß die Menge der rohen Hieroglyphen doch endlich ist und daß der Fleiß, der zweifellos zum Pinseln ihrer Zeichen gehört, durchaus beseligend sein kann. Und uns bei diesen beseligenden Übungen immer wieder fragen, was Herder wohl gemeint haben könnte, als er davon sprach, diese Schrift entnerve die Gedanken zu Bildzügen.

Schon auf den ersten Blick sehen diese Zeichen ganz anders aus als die uns bekannten Buchstaben des lateinischen, griechischen oder auch kyrillischen Alphabets; und es steht ja auch ein fundamental anderes Konzept hinter dieser Schrift: es handelt sich nicht um Laute bezeichnende Buchstaben, sondern um Zeichen für Begriffe. Über die grundsätzlichen Unterschiede zwischen diesen beiden Schriftarten machte sich Schopenhauer als einer der ersten ausführlich Gedanken in §301 seiner *Parerga und Paralipomena* (1851). Im Gegensatz zu Herder leuchtet ihm das Verfahren der Chinesen, mit einem Schriftzeichen einen Begriff darzustellen, spontan ein, so daß er nicht fragt *Warum schreiben die Chinesen keine Buchstaben?*, sondern *Warum halten wir es nicht wie die Chinesen?*, d.h. warum lassen nicht auch wir unsere Schriftzeichen direkt zum Auge sprechen, statt die Lautung des Begriffs zu fixieren, so daß unser Auge zunächst nur eine Botschaft fürs Ohr liest? Man also sagen könnte, wir läsen mit den Ohren statt mit den Augen?

Um zu illustrieren, was er mit dem direkt zum Auge sprechen meint, bemüht Schopenhauer das Beispiel der arabischen Zahlen, die, in verschiedenen Ländern unterschiedlich gelesen, gleichwohl von allen Lesern schon auf den ersten Blick in gleicher Bedeutung verstanden werden. Nehmen wir ein Beispiel aus unseren Tagen: ein Verkehrsschild mit der Aufschrift 50 wird vom Engländer fifty, vom Franzosen als cinquante, vom Deutschen fünfzig gelesen und von allen, unabhängig von der Aussprache, übers Auge vorweg verstanden. Von solcher Art sind im Prinzip auch die chinesischen Schriftzeichen, die deswegen, im Japanischen und Koreanischen zwar anders ausgesprochen als im Chinesischen, trotzdem Chinesen, Japanern und Koreanern fast immer dasselbe bedeuten. Die Gelehrten mögen sich streiten, wie weit es in Anbetracht der Tatsache, daß die meisten chinesischen Zeichen einen vagen Hinweis auf ihre Aussprache enthalten, berechtigt ist, noch von einer ideographischen Schrift (Begriffsschrift) zu sprechen, im Vergleich mit Alphabetschriften ist das grundsätzlich andere auffälliger als gewisse Gemeinsamkeiten beider Schriftsysteme.

Da unsere Schrift in Buchstaben die Lautung des Begriffs wiedergibt, wird sie auch nur dort verstanden, wo die Begriffe gleich lauten. Soll man sie in großen Regionen verstehen, bedarf es einer Hochsprache. Daß man in China, einem Land von der Größe Europas, die unterschiedlichsten Dialekte spricht, kann nicht verwundern. Diese Dialekte weichen in ihrer Aussprache zum Teil so weit voneinander ab, daß etwa ein Pekinger in der Regel kein Wort von der Unterhaltung zweier Kantonesen versteht. Dabei hätte er gar keine Probleme, wenn die Kantonesen ihre Unterhaltung aufschrieben, denn die Zeichen, die sie notierten, bedeuten ihm dasselbe wie jenen, er spricht sie nur anders aus. Vielleicht hilft noch einmal die Analogie mit den arabischen Zahlen: Schickte ich als Deutscher einem Italiener eine Rechenaufgabe in arabischen Zahlen, hätte er kein Problem, sie lesend zu verstehen, wohl aber, wenn ich sie ihm vorläse. Auf unser Beispiel von Kantonesen und Pekinger übertragen: Läse der Pekinger dem Kantonesen einen Brief vor, den er von diesem erhalten hatte, verstünde der Kantonese kein Wort mehr von dem, was er selber geschrieben hatte.

Bisher ist die geschriebene Sprache die gemeinsame Sprache aller Chinesen. Die Entscheidung für eine Alphabetschrift, eine Lautschrift also, würde somit unvermeidlich zu einer noch stärkeren Regionalisierung Chinas führen. An die Stelle einer chinesischen Literatur träte eine kantonesische, nordchinesische, Shanghaier, fukienesische, hunanesische usw. Literatur. Erst wenn neben dem jeweiligen Dialekt überall im Lande quasi als lingua franca Hochchinesisch gesprochen würde, stellte sich die Frage, ob man auf die Schriftzeichen verzichten könnte.

Eine solche Hochsprache hat zwar seit langem existiert und ist bei uns als Mandarin bekannt, weil es die Sprache war, in der die aus unterschiedlichen Provinzen stammenden Beamten (Mandarine) miteinander und mit dem Kaiserhof kommunizierten, auch ist dieses ganze Jahrhundert sprachpolitisch geprägt vom intensiven Bemühen, in China eine auf dem Nordchinesischen basierende Hochsprache zu verbreiten, doch angesichts der ungeheuren Ausdehnung der Region, des insgesamt niedrigen Bildungsstandes der Bevölkerung und aufgrund der relativ geringen Mittel, die für eine so große Aufgabe zur Verfügung stehen, wird es noch Generationen dauern, bis überall in China ein Chinesisch gesprochen wird. Dann könnte man eine Buchstabenschrift einführen; doch wer erlebt hat, was die Schriftzeichen den meisten Chinesen bedeuten, wird bezweifeln, daß man es je tun wird. Noch auf unabsehbare Zeit wird sich in China nur orientieren können, wer auch die Schriftzeichen gelernt hat. Als Band, das Kommunikation zwischen allen „alphabetisierten" Chinesen sicherstellt, sind die Schriftzeichen eine Grundvoraussetzung für die politische Einheit des Landes.

Die oben erwähnten Besonderheiten chinesischer Schriftzeichen haben es möglich gemacht, daß sich in China eine eigene Schriftsprache entwickelte, in der Jahrtausende hindurch Dokumente und hohe Literatur verfaßt wurden. Diese Schriftsprache hat sich so wenig verändert, daß auch heute noch ein gebildeter Leser klassische Lyrik im Original liest und versteht, auch wenn sie vor zweitausend Jahren geschrieben wurde (unberücksichtigt der Tatsache, daß die Gedichte in seiner Lesung anders klingen als vor zweitausend Jahren); dagegen müßte ein deutscher Leser, um auch nur die Gedichte des erst vor achthundert Jahren verstorbenen Walther von der Vogelweide im Original lesen zu können, erst ein spezielles Studium des Mittelhochdeutschen absolvieren. So sind die Zeichen dem Chinesen nicht nur ein Medium, mit dessen Hilfe er sich in einem viel größeren geographischen Raum verständlich machen kann, als es ihm mündlich möglich wäre, sie eröffnen ihm auch auf eine viel unmittelbarere Weise Zugang zu seiner Tradition, als das in einer Zivilisation mit Buchstabenschrift möglich wäre. Da nun die schriftsprachliche Literatur, wollte man sie in Alphabetschrift transkribieren, wegen der großen Zahl gleichlautender Zeichen auch dem Gebildetsten unverständlich bliebe, liefe die Einführung einer Alphabetschrift unter anderem auch darauf hinaus, daß der Chinese vom Zugang zur eigenen Tradition radikal abgeschnitten würde.

Wie unverständlich schriftsprachliche Texte in einer Lautschrift wären, hat Zhào Yuánrén, einer der berühmtesten chinesischen Linguisten dieses Jahrhunderts, in einer kleinen Erzählung vorgeführt, die ausschließlich aus Zeichen besteht, die – wenn auch in vier unterschiedlichen Tönen – allesamt in Alphabetschrift *shi* geschrieben würden:

Pinyin-Text

shí shì shī shì shī shì shì shī, shì shí shí shī, shì shí shí shì shì shì shī, shí shí, shì shí shī shì, shì shí, shì shī shì shì shì, shì shì shí shí shī, shì shì shí, shí shì shí shī shì shì, shì shí shì shí shī shī, shì shí shì, shí shì shī, shì shí shì shì shí shì, shí shì shì, shì shí shì shí shí shī shī, shí shí, shì shì shì shí shī shī shí shí shí shī shī.

Primärtext

石室诗士施氏嗜狮，誓食十狮。氏时时适(简笔的適字)市视狮。十时，适十狮市。是时，适施氏适市。氏视十狮，恃矢势，使是十狮逝世。氏拾是十狮尸，适石室。石室湿，氏使侍拭石室。石室拭，氏始试食十狮尸。食时，始识是十狮尸实十石狮尸。

Übersetzung

In einem steinernen Raum gelüstete es einen Dichter-Gelehrten aus der Familie Shī nach Löwen; er schwor, er werde zehn Löwen essen. Von Zeit zu Zeit begab sich besagter Gelehrter in die Stadt und hielt nach Löwen Ausschau. Um zehn Uhr begab es sich, daß sich zehn Löwen auf den Weg in die Stadt machten, und es begab sich, daß sich auch der Gelehrte Shī eben um diese Zeit auf den Weg in die Stadt machte. Er sah die zehn Löwen, vertraute auf die Macht seiner Pfeile und brachte diesen zehn Löwen den Tod. Er sammelte die Leichen der zehn Löwen auf und begab sich in sein steinernes Zimmer. Das steinerne Zimmer war feucht, er ließ das steinerne Zimmer von einem Diener auswischen. Als das steinerne Zimmer gewischt war, schickte er sich an, die zehn Löwenleichen zu essen. Während er aß, begann ihm bewußt zu werden, daß diese zehn Löwenleichen in Wirklichkeit zehn steinerne Löwenleichen waren.

Vorgetragen könnte diesen Text aus 86 *shi* auch kein Chinese verstehen, wie sauber der Vortragende die vier Töne auch immer spräche. Lesend versteht er den Text ohne weiteres, differenzieren sich die 86 *shi* doch in 31 verschiedene Schriftzeichen, die dem Auge 31 verschiedene Bedeutungen signalisieren.

Viele Chinesen meinen, ihre Schrift sei die älteste der Welt. Das ist sie wohl nicht, auch wenn neuere Funde dafür sprechen, daß ihre Entstehung noch sehr viel früher anzusetzen ist, als bisher vermutet wurde.

In jedem Fall aber hat die chinesische Schrift von allen noch verwendeten Schriften die älteste Geschichte, keine andere wurde über einen auch nur ähnlich langen Zeitraum kontinuierlich geschrieben. Erfunden wurde sie angeblich von Cāng Jié, einem Minister des legendären Gelben Kaisers, der in vorhistorischer Zeit geherrscht haben soll. Cāng Jié sah, so heißt es, die Fußspuren der Vögel und die Hufspuren der Pferde und ließ sich davon zur Entwicklung einer Schrift inspirieren. Spuren als Ausgangspunkt für die Entwicklung einer Schrift, das ist ein hübscher Mythos, nicht mehr, aber auch nicht weniger; vielleicht wird uns erst bei dieser Gelegenheit bewußt, daß es in unseren abendländischen Zivilisationen keinen populären Mythos von der Entstehung der Schrift gibt, was sicher ein Indiz dafür ist, daß die Schriftzeichen den Chinesen unvergleichlich viel mehr bedeuten als uns unsere Buchstaben und daß das Schreiben in China immer exklusiver war als in unserer Zivilisation. Zwar gehen viele Wissenschaftler davon aus, daß der Zeichenschrift noch eine ältere Form des Schreibens vorausging: eine Knotenschrift, vielleicht der Quipu der Inka vergleichbar, doch lassen wir solche Spekulationen hier unberücksichtigt. Bis Ende des 19.Jahrhunderts sahen die Chinesen selber in den Zeichen, die sie auf rituellen Bronzegefäßen der Zhou-Zeit (12.-3. Jh.) vorfanden, die älteste Ausprägung ihrer Schrift. In welchem Ausmaße auch diese Zeichen bereits eine Entwicklung durchgemacht hatten, darüber gaben erst Ausgrabungen Aufschluß, die von 1928 bis 1937 in der Provinz Héběi an jener Stätte durchgeführt wurden, an der die Shangdynastie zwischen dem 16. und 11. Jahrhundert ihre Hauptstadt hatte. Die Funde, die man dort machte, ließen die Ergebnisse jahrhundertelanger Gelehrsamkeit auf dem Gebiet der Etymologie zu Makulatur werden; ja man kann wohl sagen, daß eine seriöse Forschung zur Geschichte der chinesischen Schrift erst durch diese Begebenheit möglich wurde: 1899 war der berühmte Literat Liú È zur Apotheke gegangen, um für einen erkrankten Freund ein traditionelles chinesisches Medikament zu besorgen. Bestandteil der Arznei waren gemahlene fossile Knochenstücke, die man als Drachenknochen (lónggǔ) bezeichnete. Solche Knochenstücke wurden von den Bauern der Umgebung ausgegraben und an die Apotheken verkauft. Nun sah Liú È auf den Knochen, die der Apotheker sich anschickte zu zermahlen, Inschriften, die seine Neugierde weckten und die sich bei genauerem Hinsehen als Vorläufer der bekannten Schriftzeichen deuten ließen. 1903 publizierte Liú seinen Band *Gesammelte Funde auf Schildkrötenpanzern*; das Interesse der Wissenschaft war geweckt, bei Xiǎotún fand man eine Stätte, aus der sich die Bauern mit diesen Knochenstücken versorgten, man leitete wissenschaftliche Grabungen ein, die im Laufe von Jahren etwa 50.000 beschriftete Knochen zutage förderten. Die Entschlüsselung dieser Inschriften ergab, daß es sich weitgehend um Orakeltexte aus der Shangzeit handelte. Seither spricht man von der ältesten Form chinesischer Schriftzeichen als von den Orakelknochen-Inschriften. Allem Anschein nach stammen die bei Xiǎotún ausgegrabenen Orakelknochen aus dem Archiv des Kaiserhauses der Shangdynastie; es wurde im 12. Jh.v.u.Z. bei einem Hochwasser, das die Hauptstadt zerstörte, von den Fluten begraben und für Jahrtausende durch Schlammschichten den Blicken der Menschen entzogen.

Funktion und Gebrauch dieser Orakelknochen beschreibt Cecilia Lindqvist in *Eine Welt aus Zeichen* wie folgt: *Die Orakelknochen wurden benutzt, wenn der König von Shang mit den Geistern seiner Ahnen in Verbindung treten wollte, die sich um Shangdi, den höchsten Herrscher im Himmel, scharten. Durch die Vermittlung der Geister war es dem König möglich, ihm Fragen vorzulegen und Wünsche zu äußern. Das betraf Feldzüge und Jagdausflüge, das Errichten von Gebäuden, die Opferzeremonien, das Wetter, die Ernte, Krankheiten, Träume, Geburt und Tod. Die Wahrsager polierten ein Knochenstück, beispielsweise das Schulterblatt eines Rindes oder die Unterseite eines Schildkrötenpanzers, und bohrten Vertiefungen hinein. Dann verkündeten sie mit lauter Stimme die Frage des Königs an die Ahnen und berührten gleichzeitig mit einer glühenden Bronzenadel die Vertiefungen. Durch die Hitze zersprang die Schale mit einem klaren, deutlichen Laut – die Schale „redete", so sagte man. An den Bruchstellen konnten die Wahrsager dann die Antwort auf die Frage ablesen. Oft wurden danach mit dem Messer Frage und*

*Antwort in die benutzten Knochen eingeritzt, manchmal verzeichnete man auch, ob sich das Vorherge-
sagte bewahrheitete oder nicht, und dann archivierte man die Schale.* (S.17)

Mehr als 4000 verschiedene Zeichen hat man auf den Knochen gefunden und etwa die Hälfte davon in ihrer Bedeutung erschlossen. Unter ihnen finden sich Beispiele für jede der *sechs Zeichenbildungsarten* (*liù shū*), die sich nach und nach entwickelt haben dürften, ohne daß die Reihenfolge, in der sie sich entwickelten, mit letzter Sicherheit nachgewiesen werden könnte. Im allgemeinen geht man davon aus, daß die ersten chinesischen Schriftzeichen *Piktogramme* (*xiàngxíng*) waren, d.h. der Versuch, konkrete Dinge in vereinfachter, abstrahierender Form abzubilden, z.B. den Mond, die Nase, das Herz, rechte Hand, linke Hand, Streitwagen usw.

⟩	𝄁	♡	乂	Ⴤ	㇇	茻
Mond	Nase	Herz	Baum	linke Hand	rechte Hand	(Streit-)Wagen

Allerdings war die Schrift, als Wahrsager sie in die Orakelknochen ritzten, noch nicht standardisiert, d.h. es gab verschiedene mehr oder weniger voneinander abweichende Schreibweisen für ein und dasselbe Zeichen. In jedem Fall aber war die Bedeutung des Zeichens relativ augenfällig, während es gleichzeitig nur selten einen Aussprachehinweis enthält. Es versteht sich, daß sich eine solche Methode, Zeichen auf dem Wege der Abbildung zu schaffen, auf Konkretes aus der Dingwelt beschränken muß. So unterschiedliche Begriffe wie *neben, streiten, Meinung, morgen* usw. ließen sich auf diese Weise nicht in Zeichen gießen. Schon die Zahlen hätte man so nicht darstellen können. Man schuf *Symbole* (*zhǐshì*):

yī (*eins*): 一   *èr* (*zwei*): 二   *sān* (*drei*): 三

Das ist, vor allem in dieser Reihenfolge, einprägsam (zumal diese Zahlzeichen noch aussehen wie umgestürzte römische Zahlen). Aber obgleich auch die Zahl 4 auf den Orakelknochen noch 三 geschrieben wird, leuchtet ein, daß man auf diese simple Weise nicht bis 100 weiterschreiben kann. So besteht die Zahl 5 乂 (heute 五) aus vier Strichen, die 4 四 aus fünf Strichen, die 6 六 wiederum aus vier Strichen, während die 7 七 (eigentlich: schneiden) auf faszinierende Weise einer auf den Kopf gestellten arabischen 7 ähnelt und nur zwei Striche zählt, ebenso die 8 八, die 9 九 und die 10 十. Ab 4 mutet uns die Schreibung der Zahlen willkürlich an, und in der Tat stand der Erfinder dieser Zeichen ja vor dem Problem, wie er etwas abzeichnen sollte, das keine konkrete Form hat. Für die Zahlen gilt also noch nicht, was Xǔ Shèn, der berühmte Etymologe der Han-Zeit, von den symbolischen Zeichen sagt: *Man erkennt das Zeichen auf den ersten Blick und bei sorgfältiger Betrachtung wird die Bedeutung evident.*

Das träfe eher auf symbolische Zeichen wie die für *oben, unten* und *Mitte* zu: 上, 下, 中。

Oder beim Zeichen für *groß* 大, das einen Menschen 人 mit ausgestreckten Armen 大 darstellen dürfte. Doch müssen wir zugeben: auch bei diesen Zeichen ist die Bedeutung nicht unmittelbar ablesbar, und auch sie enthalten keinerlei Hinweis auf ihre Aussprache.

Als reizvollste Zeichen gelten die *Bedeutungsverbindungen* (*huìyì*): Piktogramme werden zu neuen Bedeutungen zusammengestellt; auf diese Weise können auch abstrakte Begriffe wiedergegeben werden.

An keinem anderen Zeichentypus kann sich unsere Phantasie ähnlich entzünden. Jedes Zeichen besteht aus mindestens zwei Piktogrammen. Die Bedeutung, zu der sie sich in dem neuen Zeichen verbinden, ist gleichwohl wieder nicht direkt ablesbar, wenn auch plausibel.

亻 *Mensch*, dazu 木 *Baum* → 休 *ausruhen*

Das ist einprägsam: ein Mensch, der sich im Schatten eines Baumes ausstreckt. Aber genau so einsichtig wäre es gewesen, wenn das neue Zeichen etwa *Förster, Galgen* oder *Holz fällen* bedeutet hätte.

Drei Bäume 森 *Wald*, das wird von den meisten Lernenden auf Anhieb erraten. Aber drei Sonnen 晶? Wer wäre darauf gekommen, daß dies das Zeichen für *Kristall* ist? Und daß *drei Frauen* 姦 *Unzucht* bedeutet? Hin und wieder gewähren uns gerade diese Piktogrammverbindungen reizvolle Einblicke in die chinesische Vorstellungswelt, am eindringlichsten vielleicht in jenem Zeichen, in dem das Piktogramm für *Frau* 女 mit dem für *Sohn* 子 zu 好 verbunden wird. Wer hätte erraten, daß dieses Zeichen *gut* bedeutet? Doch wenn man das einmal zur Kenntnis genommen hat, prägt es sich besonders gut ein, und man vergißt nicht mehr, daß für Chinesen eine Frau, die einen Sohn geboren hat, der Inbegriff von *gut* war. Auch wenn heutzutage offiziell auf diese Weise keine neuen Zeichen mehr gebildet werden, ist es, wie man sich vorstellen kann, noch immer ein beliebtes Gesellschaftsspiel, aus Piktogrammen neue Zeichen zu bilden und raten zu lassen, was sie wohl bedeuten könnten.

Die vierte Methode der Zeichenbildung ist die der *Entlehnung* (*jiǎjiè*): Um einen bestimmten Begriff, für den sich auf die oben genannten drei Arten kein Zeichen erfinden ließe, schreiben zu können, bedient man sich des Zeichens für einen gleichlautenden anderen Begriff. So stellt das Zeichen 萬 ursprünglich einen *Skorpion* dar, man gebrauchte es dann auch zur Schreibung des gleichlautenden (*wàn*) *zehntausend*. Nur noch in dieser Bedeutung ist es heute den meisten Chinesen geläufig. 来 (*lái*) bezeichnete ursprünglich *Getreide*, wurde dann für das gleichlautende *kommen* benutzt. Später wurde, um Verwechslungen auszuschließen, paradoxerweise gerade dem Zeichen in seiner Ursprungsbedeutung oft ein Element hinzugefügt, das es von dem gleichlautenden Lehnzeichen unterscheiden sollte, so etwa dem oben erwähnten *lái* 来 das Element *Gras* 莱 als Hinweis darauf, daß dieses *lái* eine Pflanze ist.

Die fünfte Methode der Zeichenbildung ist die der *Bedeutungsableitung* (*zhuǎnzhù*). Was damit gemeint ist, klang an, als wir die Zusätze erwähnten, mit denen das Zeichen für *lái* bedacht wurde, um Verwechslungen zu vermeiden. Bestand die Gefahr, daß ein Zeichen so viele Bedeutungen angenommen hatte, daß dadurch das Verständnis erschwert wurde, beugte man dem vor, indem man das Zeichen mit einem unterscheidenden Merkmal ausstattete. So wurde etwa das Zeichen 且, das ursprünglich wahrscheinlich *Penis* und davon abgeleitet *Vorfahren* bedeutete, dann aber auch im Sinne von *überdies* verwendet wurde, in seiner Bedeutung *Vorfahren* mit dem zusätzlichen Hinweis 示 ausgestattet, einem Element, das zeigen soll, die Bedeutung dieses Zeichens hat irgend etwas mit spirituellen Zusammenhängen zu tun. Diese Form der Zeichenbildung ist vor allem von historischer Bedeutung; sie leitet über zum letzten und wichtigsten Typus: dem *aus Sinn- und Lauthinweis kombinierten Zeichen* (*xíngshēng*).

Jedes diesem Typus zugehörige Zeichen besteht aus zwei Komponenten, deren eine ein Bedeutungs-, die andere ein Aussprachehinweis ist. In den folgenden Zeichen sehen Sie durchweg die Komponente 咼 (*guā*), ein selten gebrauchtes Zeichen, das *ausgerenkt* bedeutet:

1. 剮 *guǎ* (*zerstückeln*)   2. 蝸 *wā* (*Schnecke*)   3. 過 *guò* (*überqueren*)
4. 禍 *huò* (*Unglück*)   5. 鍋 *guō* (*Topf*)

In allen fünf Zeichen ist 咼 lediglich Aussprachehinweis (AH), das Zeichen bringt nichts von seiner Bedeutung in das kombinierte Zeichen ein. Solche Zeichen dürfen also nicht mit dem oben beschriebenen 3. Schriftbildungstypus (*huìyì*) verwechselt werden, den Bedeutungsverbindungen. Betrachten wir unsere fünf Beispiele noch einmal näher:

1. 剮 besteht aus dem AH *guā* und dem Bedeutungshinweis (BH) *Messer* 刂. Beide Hinweise sind in Bezug auf die Bedeutung des neuen, kombinierten Zeichens vage: der Ton ändert sich (*guā → guǎ*), und der BH besagt nicht mehr, als daß die Bedeutung des neuen Zeichens irgend etwas mit *Messer* zu tun hat. Theoretisch könnte dieses *guǎ* 剮 genau so gut etwa *Schneide*, *stechen* oder *schärfen* heißen.

2. Der BH 虫 signalisiert: der Begriff stammt aus dem Bereich *Insekten*. Die Aussprache unterscheidet sich im Anlaut: *guā → wā*.

3. Der BH 辶 weist darauf hin, daß der Begriff irgend etwas mit *gehen* zu tun hat. Die Aussprache unterscheidet sich im Auslaut und im Ton: *guā → guò*.

4. Dem BH 衤 ist zu entnehmen, daß der Begriff dem Bereich des *Spirituellen* zuzuordnen ist. Die Aussprache unterscheidet sich in Anlaut, Auslaut und Ton: *guā → huò*.

5. Der BH 金 signalisiert, daß es sich um etwas handelt, das mit *Metall* zu tun hat. Die Aussprache unterscheidet sich von *guā* 咼 im Auslaut: *guā → guō*.

So halten wir zweierlei fest:

1. Auch wenn die Zeichen einen Hinweis auf ihre Bedeutung und einen weiteren auf ihre Aussprache enthalten, sind beide äußerst vage und erlauben nicht, Aussprache und Bedeutung abzulesen; gleichwohl sind sie beim Lernen wichtige Merkhilfen. Der AH dürfte, als das Zeichen geschaffen wurde, präzise gewesen sein, das heißt auch, daß die oben vorgestellten fünf Zeichen zur Zeit ihrer Entstehung identisch lauteten. Doch wie jede gesprochene Sprache, entwickelte sich auch das Chinesische weiter, und damit wurden die AH zwangsläufig immer ungenauer. Theoretisch hätten sie in gewissen Zeitabständen immer wieder der veränderten Aussprache angepaßt werden müssen, was den Zeichenbestand endgültig ins Unermeßliche ausgedehnt hätte. Wir wissen nicht, ob diese Alternative in China jemals auch nur gedacht wurde. Mit anderen Worten: Daß die Form der Zeichen über Jahrtausende weitgehend unverändert blieb, wurde damit erkauft, daß der AH immer ungenauer wurde.

2. Es gibt leider keine Regel, nach der der AH etwa immer rechts, der BH immer links stünde (vgl.unsere Beispiele oben). Die zwei Komponenten, aus denen sich alle Zeichen dieses Typus zusammensetzen, können verschieden angeordnet sein, z.B.

a) BH links,   AH rechts, z.B. 妹 *mèi* (*jüngere Schwester*) aus BH *Frau* + AH *wèi*
b) BH rechts,   AH links, z.B. 影 *yǐng* (*Schatten*)   aus AH *yǐng* + BH *Federn*
c) BH oben,   AH unten, z.B. 筷 *kuài* (*Eßstäbchen*)   aus BH *Bambus* + AH *kuài*
d) BH unten,   AH oben, z.B.   贫 *pín* (*arm*)   aus AH *fēn* + BH *Muschel*
e) BH außen,   AH innen, z.B. 闸 *zhá* (*Schleuse*)   aus BH *Tor* + AH *jiǎ*
f) BH innen,   AH außen, z.B. 问 *wèn* (*fragen*)   aus AH *mén* + BH *Mund*

Die Kenntnis, welche Komponente des Zeichens BH ist, ist wichtig, weil dies der Bestandteil, quasi der Buchstabe ist, unter dem das Zeichen im Wörterbuch eingeordnet wird. Der AH bringt oft zusätzlich etwas von seiner Bedeutung in das neue Zeichen ein, das dann auf den ersten Blick wie eine *Bedeutungsverbindung* (*huìyì*) anmutet, so wenn etwa das Zeichen für *Zaun, Hecke* 籬 (*lí*) aus BH *Bambus* (oben) und AH *lí* besteht, dieser AH *lí* gleichzeitig aber *trennen* bedeutet, dann läßt sich das gut als ein aus Bambus gefertigter trennender Zaun erklären. Und wenn *wàng* 忘 in der Bedeutung *vergessen* aus dem BH *Herz* 心 und dem AH *wáng* 亡 besteht und dieses *wáng* 亡 *sterben* heißt, dann möchte man darin spontan eine *Bedeutungsverbindung* (*huìyì*) sehen, so sehr leuchtet ein, daß *vergessen* bedeutet, daß im Herzen etwas starb. Nicht anders bei *chóu* 愁, dem chinesischen Zeichen für *Melancholie*: wieder ist Herz 心 BH (und wir lernen, daß auch für die Chinesen seit alters her das Herz Sitz der Empfindungen ist), AH ist *qiū* 秋 *Herbst* (der selber wiederum ein *huìyì*-Zeichen ist, gebildet aus *Getreide* (*hé*) 禾 und *Feuer* (*huǒ*) 火 und uns an das Abbrennen abgeernteter Felder erinnert.) Wie ließe sich *Melancholie* besser übersetzen als: *das Herz ist herbstlich gestimmt?* Oder wer vergißt je, daß *störrisch* auf chinesisch *jiàng* 犟 heißt, wenn er sieht, wie im Zeichen zu dem BH *Rind* 牛 ein AH *qiáng* 强 tritt, so daß sich mit dem Begriff *störrisch* untrennbar die Vorstellung eines eigensinnigen kräftigen Rindes verbindet?

Von allen sechs Zeichenbildungsarten ist diese letzte am bedeutsamsten. Über 80% der chinesischen Zeichen werden auf diese Weise gebildet, und in den seltenen Fällen, wo in jüngster Zeit noch neue Zeichen geschaffen wurden, hielt man sich an diese Methode. Wenn etwa *Krypton* mit dem Zeichen 氪 wiedergegeben wird, dann ist 气 der BH *Gas* und 克 AH *kè*. Das heißt auch, daß der chinesische Leser, anders als mancher deutsche Leser, der sich bei dem Wort *Krypton* vielleicht gar nichts vorstellen kann, beim ersten Blick auf das Zeichen sofort weiß: der Begriff hat etwas mit *Gasen* zu tun.

Die Schriftarten

Daß sich während einer vieltausendjährigen Geschichte des Schreibens in China Veränderungen im Schriftbild ergaben, ist nicht erstaunlich. Erstaunlicher doch eher, daß sich etwa vom Beginn unserer Zeitrechnung bis in die 50er Jahre unseres Jahrhunderts nichts wesentlich veränderte. Dabei mag, wer einen Blick auf unsere beiden Kalligraphien wirft, kaum glauben, daß es sich um verschiedene Stilarten derselben Schrift handelt, beide Male um einen berühmten Spruch des Konfuzius, der besagt *Der Edle dient nicht als Werkzeug* (bzw. *Gefäß*), links in Siegelschrift, rechts in Normalschrift geschrieben:

Die Veränderungen im Schriftbild gehen zum einen darauf zurück, daß man im Verlaufe der Geschichte auf anderem Material und mit anderem Schreibgerät schrieb (mit einem Griffel schrieb man anders als mit einem weichen Pinsel, auf saugfähigem Papier anders als auf Knochen, Bambusstreifen oder Bronze), zum anderen resultieren sie aus einer veränderten Absicht des Schreibenden: wer feierlich schreibt, schreibt anders als der, der sich schnell ein paar Notizen macht.

Auf den oben erwähnten Orakelknochen und Bronzegefäßen finden sich zum Teil noch viele alternative Schreibweisen für denselben Begriff. Die Zeichen waren noch nicht standardisiert. Eine Standardisierung wäre ja erst möglich gewesen, wenn China von einer starken Zentralgewalt regiert worden wäre, wenn sich damit die schreiberischen Aktivitäten an einem Hof konzentriert hätten und die Zentrale mächtig genug gewesen wäre, die Einhaltung der Standards zu kontrollieren. Das war zu der Zeit, da Orakelknochen und Bronzegefäße beschrieben wurden, meist nicht der Fall. Als Sammelbegriff für den Schrifttypus jener Zeit, der vom Schreiben mit einem harten Gegenstand (Griffel) auf hartem Material geprägt wurde, hat sich die Bezeichnung *Große Siegelschrift* (*dàzhuàn*) eingebürgert.

Als im Jahre 221 v.u.Z. der erste Kaiser der Qín-Dynastie das Reich einte, ließ er auch die Schreibung der Zeichen vereinheitlichen und vereinfachen. Die neue Standardschrift nannte man in der Folge *Kleine Siegelschrift* (*xiǎozhuàn*). Sie wird noch heute von Kalligraphen gepflegt und mit ihrer Aura des Altehrwürdigen und betont Seriösen gern bei feierlichen Anlässen, vor allem aber auf den in China noch immer bei vielen Gelegenheiten unentbehrlichen Siegeln verwendet. Seit Jahrtausenden ist es das Siegel, das allem, ob Korrespondenz, amtlicher Verfügung oder einem Kunstwerk, erst Authentizität verleiht, und noch heute ersetzt es in China weitgehend die persönliche Unterschrift. In der Kleinen Siegelschrift ist der Duktus des Zeichens noch geprägt vom Schreiben mit hartem Material auf hartem Material, d.h. die Zeichen sehen ziemlich eckig aus und lassen sich besser in ein Siegel schneiden als die runderen

Formen späterer, vom Schreiben mit dem Pinsel geprägter Schriftstile. Ein Leser, der mit der heute üblichen Schreibung der Zeichen vertraut ist, wird viele in Siegelschrift geschriebene Charaktere nicht entziffern können. Wer käme etwa darauf, daß 水 die Siegelschrift-Schreibung für 水 *Wasser* ist?

Aber schon die *Kanzleischrift* (*lìshū*), die, ab dem 3. Jh.v.u.Z. auf Bambustäfelchen geschrieben, zum vorherrschenden Schriftstil bei nicht-zeremoniellen Anlässen wurde, präsentiert uns die Zeichen in einer Form, die meist nicht mehr entscheidend von der Form, in der die Zeichen heutzutage geschrieben werden, abweicht. Aus diesem Kanzleistil wurde wenig später der vor allem in informeller Korrespondenz verwendete *Kursivstil* (*xíngshū*) entwickelt sowie die *Grasschrift* (*cǎoshū*), eine Schnellschrift, die uns Ausländer wie eine Art chinesischer Stenographie anmuten mag und die ohne eine spezielle Ausbildung auch von einem Chinesen nicht gelesen und geschrieben werden kann.

Gegen Ende der Han-Zeit wurde, auch um exzentrischen Auswüchsen der Grasschrift entgegenzuwirken, aus der Kanzleischrift die *Normalschrift* (*kǎishū*) entwickelt. Sie wird auch *korrekte Schrift* (*zhèngshū*) oder *wahre Schrift* (*zhēnshū*) genannt.

Diese Normalschrift ist also, obgleich mehr als 1500 Jahre alt, der jüngste der sechs Schriftstile. Sie wird gewöhnlich in allen Druckerzeugnissen verwendet, ebenso auf Hinweis- und Verbotsschildern und in allen offiziellen Verlautbarungen.

Auch wenn sich Zeichen in Normalschrift einfacher lesen als in Siegel-, Kursiv- oder gar Grasschrift, lernen sie sich immer noch ungleich schwerer als eine Buchstaben- oder Silbenschrift. Diese Sperrigkeit der Zeichen war solange kein Problem, wie man davon ausging, daß ohnehin nur eine Minderheit der Bevölkerung diese Schrift erlernen würde, eine Minderheit, die im kaiserlichen China aus der Beherrschung der so exklusiven Schrift ein Recht auf eine exklusive soziale Position ableitete. Wie wohl in keiner anderen Gesellschaft der Welt wird das bloße Schreibenkönnen in der chinesischen gleichgesetzt mit gebildet sein, ja gar mit intelligent. Chinesen wirken auf eine sympathische Weise von ihrer Schrift besessen, eine Besessenheit, die sich unter anderem darin ausdrückt, daß jeder freie Platz auf einer Mauer oder einem Fels mit Schriftzeichen bedeckt wird. Schon 1907 beobachtete der russische Sinologe Alekseev auf seiner Reise durch China *eine Aversion gegen nicht von Inschriften ausgefüllte Räume* und sprach von China als dem *Land der Inschriften*. Verwundert und bewundernd hielt er fest, daß diese selbst von der großen Menge, die nicht gebildet genug war, um sie zu verstehen, gleichwohl geschätzt wurden. Doch vielen der Intellektuellen, die sich ab Ende des 19. Jahrhunderts Gedanken machten, wie aus China ein moderner, unabhängiger Staat werden könnte, war klar, daß dies eine des Schreibens und Lesens kundige Bevölkerung voraussetzte. Es fehlte denn auch nicht an Vorschlägen, wie die Schrift vereinfacht werden könnte, wohl aber – in einem Jahrhundert des politischen Chaos – an Mitteln, diese Vorschläge umzusetzen.

Die Schriftreform

Das änderte sich, als mit dem Sieg der Kommunisten im Jahre 1949 eine kurze Phase der inneren Konsolidierung begann und die Macht fortan in den Händen von Politikern lag, die in der „Alphabetisierung" der Massen eine ihrer wichtigsten politischen Aufgaben sahen. Wie wichtig sie war, sieht man u.a. daran, daß das neu gegründete Schriftreformkomitee direkt dem Zentralkomitee unterstellt wurde. Da man aus Gründen, die oben angeführt wurden, die Zeichenschrift nicht durch eine Alphabetschrift ersetzen konnte, entschied man sich dafür, das Erlernen der Zeichen zu erleichtern, indem man, wo möglich, die Zahl der Striche, aus denen sich ein Zeichen zusammensetzte, verringerte. Diese *verein-fachten Zeichen* (*jiǎntǐzì*) werden im Westen meist *Kurzzeichen* genannt, die Zeichen der traditionellen Schreibung (*fántǐzì*) *Langzeichen*.

Die Schriftreformer strebten an, die Zeichen soweit zu verkürzen, daß kaum noch eines mehr als zehn Striche zählen würde. Dabei griffen sie oft auf kürzere Varianten eines Zeichens zurück, wie sie in Gras- oder Kursivschrift bereits vorlagen; es wurden aber auch Kurzzeichen am Schreibtisch neu entworfen. Ein paar Beispiele:

| Kurzzeichen | 几 | 头 | 万 | 买 | 实 | 庙 | 泪 |
| Langzeichen | 幾 | 頭 | 萬 | 買 | 實 | 廟 | 淚 |

In allen Fällen sticht der Einsparungseffekt bei den Kurzzeichen sofort ins Auge. Gleichwohl ist den Schöpfern der Kurzzeichen ein wichtiger Denkfehler unterlaufen: mit jedem Strich, den sie wegkürzten, entfiel auch ein Merkmal, mit dem sich das Zeichen von anderen unterschied; die Zeichen wurden einander immer ähnlicher. 几 besteht aus zwei Strichen, das Langzeichen 幾 aus zwölf Strichen, der Einsparungseffekt ist offensichtlich. Anders als 几, könnte 幾 aber niemals mit 儿 oder 九 verwechselt werden. Ebenso sind sich, um an die oben genannten Beispiele anzuknüpfen, die beiden Zeichen 買 und 實 in ihren Kurzzeichenfassungen 买 und 实 allzu ähnlich. Was das Schreiben erleichtern soll, erschwert das Memorieren. Hinzu kommt, daß oft, um Striche einzusparen, ein Teil des Zeichens, der auf Aussprache oder Bedeutung hinwies, durch eine knappere aber die Assoziation fehlleitende Komponente ersetzt wurde. Wenn z.B. 廟 → 庙 wird, spart man zwar sieben Striche ein, dafür enthält das Zeichen aber einen falschen Aussprachehinweis (AH): 由 signalisiert, das Zeichen werde in etwa *yóu* gelesen. Tatsächlich liest man es aber *miào*, worauf das 廟 (*zhāo*) im Langzeichen treffender hinweist. Das Langzeichen für *hinhören* 聽 besteht aus 22 Strichen, das Kurzzeichen 听 nur aus sieben Strichen; dafür enthält das Langzeichen den hilfreichen Bedeutungshinweis (BH) *Ohr* 耳, der im Kurzzeichen durch den irreführenden BH *Mund* 口 ersetzt wurde. Dem stehen durchaus überzeugende Neuschöpfungen gegenüber, wie etwa 泪 für *Träne*: *Wasser* 氵 + *Auge* 目 statt *Langzeichen* 淚.

Viele Kurzzeichen werden von Chinesen als ästhetisch reizloser als die Langzeichen empfunden, eine Einschätzung, die auch der Außenstehende teilen kann, wenn er etwa das Kurzzeichen für *Wagen* 车 mit dem entsprechenden Langzeichen 車 vergleicht. So haben Kalligraphen fast immer Langzeichen geschrieben. Man kann jetzt, wo die Partei nicht länger jedes geschriebene Wort kontrolliert, eine Renaissance der Langzeichen in der VR China beobachten und zwar vor allem dort, wo die Zeichen durch ihre Schönheit werben sollen, auf Ladenschildern etwa oder Buchumschlägen. Selbst auf offiziellen Verbots- oder Hinweisschildern findet man Kurz- und Langzeichen auf eine oft verwirrende Weise vermischt. Und wenn sich die VR China heutzutage in Weltpolitik und Weltwirtschaft zu integrieren sucht, ist es von Nachteil, daß man mit den Kurzzeichen ein Schriftsystem eingeführt hat, das Millionen von Chinesen in Taiwan, Hongkong und Übersee nicht ohne Mühe entziffern können, während andererseits, wer in der VR China Publikationen aus Taiwan oder Hongkong lesen will, doch noch zusätzlich die Langzeichen beherrschen muß. Kompliziert wurde die Sachlage auch dadurch, daß die Schriftzeichen nicht auf einen Schlag reformiert wurden, sondern in Etappen, so daß sich das Druckbild eines in den vierziger Jahren publizierten Buches von dem eines in den fünfziger Jahren erschienenen Bandes und dieses wiederum von dem eines in den siebziger Jahren herausgekommenen Buches unterscheiden kann, mit anderen Worten: Was als Erleichterung geplant war, erweist sich für Lernende ab einem gewissen Bildungsniveau als zusätzliche Erschwernis, und so spricht manches dafür, daß man eines Tages zu den Langzeichen zurückkehren könnte und die Kurzzeichen – wie so vieles in der Volksrepublik – eine Episode bleiben. Da aber nicht abzusehen ist, wie lange diese Episode noch währen wird, unterrichten wir in diesem *Schreibübungsbuch*, wo immer es eine Konkurrenz zwischen Lang- und Kurzzeichen gibt, das Kurzzeichen als das in der VR China offizielle Schriftzeichen. Das Langzeichen schreiben wir dann zusätzlich an den rechten Rand. So erkennen Sie, welche Zeichen verkürzt wurden und auf den ersten Blick, daß die Mehrzahl der Zeichen nicht verkürzt wurde.

Zur Benutzung eines Wörterbuchs

Daß Zeichen in einem chinesischen Wörterbuch ganz anders angeordnet sein müssen als Wörter in Alphabetschriften, versteht sich nach allem, was oben gesagt wurde. Chinesen sind durch die Jahrtausende leidenschaftliche Kompilatoren aller möglichen Wörterbücher und Enzyklopädien gewesen und haben verschiedene einleuchtende Verfahren zur Anordnung von Zeichen und Begriffen gefunden. Erläutert wird hier nur die *bùshŏu cházìfă* als die populärste und in den meisten der leicht verfügbaren Wörterbücher verwendete. Das Verfahren ist leicht zu verstehen und nicht ganz leicht zu beherrschen, es erfordert Routine, die man sich mit einigem Zeitaufwand erwerben muß.

Cházìfă heißt *Nachschlagemethode für Zeichen*, *bùshŏu* wird als *Klassenzeichen* bzw. *Radikal* übersetzt und entspricht meist dem, was wir, als wir die Methoden der Zeichenbildung erklärten, *Bedeutungshinweis (BH)* nannten.

Aus der großen Zahl der Zeichen sortierte man gut 200 heraus, die, selber nicht zu komplex, jeweils ein bestimmtes Bedeutungsfeld abstecken, etwa

木	*Baum*	für *Hölzernes* wie *Tisch* 桌, *Stuhl* 椅, *Zweig* 枝
心	*Herz*	für *zum Herzen gehöriges / von Herzen kommendes, Gemütsempfindungen* wie *Melancholie* 愁, *traurig* 悲, *empfinden* 感, *lieben* 愛
石	*Stein*	für *Steinernes* wie *Tuschstein* 硯, *Kies* 砂, *Bergwerk* 矿
口	*Mund*	für *Dinge, die zum Mund gehören* oder *die der Mund tut* wie *Lippe* 唇, *essen* 吃, *küssen* 吻, *fragen* 问
雨	*Regen*	für *Wetterphänomene* wie *Donner* 雷, *Hagel* 雹, *Nebel* 雾

Seit dem unter Kaiser Kāngxī im 18. Jahrhundert zusammengestellten und nach ihm benannten Kāngxī-Wörterbuch, das etwas 47.000 Einträge umfaßt und bis heute als ein Standard-Wörterbuch gilt, ist die Zahl der Bedeutungsbereiche benennenden Klassenzeichen auf 214 festgelegt. Gleichzeitig wurde damals – und zwar nach Maßgabe ihrer Strichzahl – auch die Abfolge der Klassenzeichen bestimmt. So wie der deutsche Leser weiß, daß auf j der Buchstabe k folgt und dem t ein s vorausgeht, so weiß ein Chinese, daß etwa auf 水 *Wasser* 火 *Feuer* folgt und daß 竹 *Bambus* vor 米 *Reis* steht. Also muß, wer chinesische Zeichen nachschlagen will, die Reihenfolge der Klassenzeichen genauso gut kennen wie ein Deutscher sein Alphabet. Ja, man könte das System der Klassenzeichen, auch wenn es nicht mit Lauten zu tun hat, durchaus ein chinesisches Zeichenalphabet nennen. Dieses „Alphabet" setzte sich überall durch, wo chinesische Zeichen geschrieben wurden, also auch in Japan und Korea. Ein Japaner kann sich in einem chinesischen Wörterbuch genauso schnell orientieren wie ein Deutscher in einem italienischen. Neuerdings mit einer Einschränkung: Das traditionelle Klassenzeichen-„Alphabet" enthält einige Unstimmigkeiten, die dem Anfänger Schwierigkeiten bereiten. So gibt es z.B. für einige wenige Klassenzeichen verschiedene Schreibungen mit unterschiedlicher Strichzahl:

Wasser 水 besteht aus vier Strichen 亅 オ 水 水, wenn es allein steht oder unterer Bestandteil des Zeichens wie in 浆 (*dicke Flüssigkeit*) ist oder oberer wie in 沓 (*Stapel*); doch meist ist *Wasser* linker Bestandteil und wird dann 氵 geschrieben, besteht also nur aus drei Strichen; trotzdem werden solche Zeichen unter dem vier Striche zählenden 水 eingeordnet. Nicht anders bei Herz 心 (4 Striche), das als linke Komponente 忄 (3 Striche) geschrieben wird. Man muß also wissen, daß einige Schreibungen Varianten bestimmter Klassenzeichen sind, so wie man z.B. wissen muß, daß in unseren Wörterbüchern *ö* unter *o* und *Ä* unter *A* geführt wird. Vor allem findet ein Ungeübter bei einer ganzen Reihe komplexer Zeichen oft nur schwer heraus, welche Komponente das Klassenzeichen sein könnte. Um das zu erleichtern, haben Reformer in der VR China versucht, die Liste der Klassenzeichen plausibler zu gestalten, in dem sie etwa *Wasser* in seinen zwei Schreibweisen getrennt aufführen, einmal unter drei Strichen 氵, einmal unter vier

Strichen 水 oder auch, indem sie neue Klassenzeichen schufen wie etwa 孑 und 中. Dabei gaben sie zum einen das Prinzip auf, das dem traditionellen System zugrunde liegt, nach dem die Klassenzeichen nicht als graphische, sondern als semantische Grundelemente ausgewählt worden waren; zum anderen – und folgenreicher – brachten sie die traditionelle Reihenfolge der Klassenzeichen durcheinander. Um noch einmal die Parallele zum Alphabet zu bemühen: Das Ergebnis war nicht anders, als hätte sich jemand bemüht, in unserem Alphabet gewisse Ungereimtheiten zu beseitigen, indem er die Buchstaben neu ordnete, also etwa statt ABCD... nun AEIOU, d.h. die Vokale den Konsonanten vorausgehen ließe oder ähnliches. Mit einem Schlag wäre der Zugang zu allen alten Wörterbüchern verstellt oder zumindest beträchtlich erschwert, ebenso zu allen fremdländischen, wenn man eine solche Reform nur im eigenen Lande durchführte.

Eben das ist in China passiert, mit dem „Erfolg", daß Wörterbücher, die vor dieser Reform erschienen, ein anderes „Alphabet" benutzen als die, die heute in der VR China hergestellt werden. Auch halten sich Hongkong und Taiwan an das traditionelle System. Zu allem Überfluß orientieren sich die Herausgeber von Wörterbüchern in der VR China nicht an eine reformierte Standardliste der Klassenzeichen; mancher ambitionierte Herausgeber erfindet, um das Aufsuchen weiter zu erleichtern, wieder eine neue Anordnung der Klassenzeichen, so daß deren Zahl wie ihre Einordnung ins „Alphabet" von Wörterbuch zu Wörterbuch wechseln kann. Eine Information, die den Anfänger sehr wohl entmutigen könnte, einmal selber in einem Wörterbuch nach einem Zeichen zu suchen.

Wenn wir im folgenden das Nachschlagen im Wörterbuch erläutern und üben, beziehen wir uns auf *Langenscheidts Handwörterbuch Chinesisch*, von dem uns hier der chinesisch-deutsche Teil interessiert.

Am besten legen Sie die *Liste der Klassenzeichen* (*bùshǒu mùlù* 部首目录) bei der Lektüre neben sich. Auf der Suche nach einem Ihnen unbekannten Zeichen müssen Sie in diesem zuerst das *Klassenzeichen* (*bùshǒu* 部首) entdecken. Daß dieses ursprünglich fast immer zugleich Bedeutungshinweis (BH) im Zeichen war, wurde schon erwähnt, für neuere Wörterbücher gilt das aber nicht immer. Aus diesem Grunde wird in diesem Buch bei der Erläuterung der Zeichen zwischen Klassenzeichen/Radikal und Bedeutungshinweis (BH) unterschieden.

Besteht ein Zeichen aus einer linken und rechten Komponente, überprüfen Sie zuerst, ob die linke als Klassenzeichen in der Tabelle aufgeführt wird. Üben Sie das am Beispiel von 找. Die linke Komponente zählt drei Striche. In der 1. Spalte der Klassenzeichenliste beginnt unten, mit 三 画 markiert, die Auflistung aller aus drei Strichen bestehenden Klassenzeichen. Das von uns gesuchte 扌 finden Sie in der 2. Spalte als Nr. 48. In der *Zeichensuchtabelle* (*jiǎnzìbiǎo* 检字表) suchen Sie nun die Nummer 48 auf und sehen dort eine ganze Seite voller Zeichen, die alle als linke Komponente 扌 aufweisen. Zählen Sie nun die restlichen Striche, d.h. in diesem Fall die Strichzahl von 戈. Es sind vier Striche: 一 弋 戈 戈. Alle Zeichen, die unter Klassenzeichen 48 erfaßt sind und zusätzlich vier Striche aufweisen, sind unter der Überschrift 四画 aufgelistet. Es ist das 11. der Zeichen und wird *zhǎo* ausgesprochen. Schlagen Sie jetzt wie in einem nach dem Alphabet arrangierten Wörterbuch unter *zhǎo* im 3. Ton nach. Sie finden das Zeichen in der 2. Spalte auf S. 430.

Nicht immer ist bei Links-Rechts-Aufteilung die linke Komponente Radikal. Wenn Sie ein Zeichen nicht unter seiner linken finden, versuchen Sie es mit der rechten und gehen Sie dabei vor wie oben beschrieben. Ein Vorzug des *Handwörterbuchs* ist, daß manche Zeichen unter beiden Komponenten aufgeführt werden.

Üben Sie das Nachschlagen folgender Zeichen:

1. 汉 2. 杖 3. 攻 4. 作 5. 状

Lösung:

Nr. 1.   Links 3 Striche → Nr. 32, dazu rechts 2 Striche → *hàn*, S. 131.

Nr. 2. Links 4 Striche → Nr. 81, dazu rechts 3 Striche → *zhàng*, S. 429.

Nr. 3. Links 3 Striche → Nr. 39, dazu rechts 4 Striche → *gōng*, S. 116.

Sie hätten es auch unter der rechten Komponente Nr. 99 + 3 Striche gefunden.

Nr. 4. Links 2 Striche → Nr. 19, dazu rechts 5 Striche → *zuō, zuó, zuò*, S. 456, 457.

Nr. 5. Links 3 Striche → Nr. 35, dazu rechts 4 Striche → *zhuàng*, S. 448.

Sie hätten es auch unter der rechten Komponente, also unter Nr. 82 + 3 Striche, gefunden.

Setzt sich das Zeichen aus einer oberen und unteren Komponente zusammen, überprüfen Sie zuerst, ob die obere Klassenzeichen ist. Ist das nicht der Fall, versuchen Sie es mit der unteren. Üben Sie:

6. 筑   7. 香   8. 贵   9. 资   10. 病

Lösung:

Nr. 6.   Oben 6 Striche → Nr. 145, dazu unten 6 Striche → *zhù*, S. 446.

Nr. 7.   Oben 5 Striche → Nr. 124, dazu unten 4 Striche → *xiāng*, S. 373.

Nr. 8.   Oben 5 Striche → Fehlanzeige! In diesem Wörterbuch (wie in fast allen anderen) ist die obere Komponente kein Klassenzeichen. Also nunmehr unter der unteren Komponente versuchen: Unten 4 Striche → Nr. 92, dazu oben 5 Striche → *guì*, S. 126.

Nr. 9.   Sie erkennen, daß es sich hier um dasselbe Klassenzeichen wie in Nr. 9 handelt? Also → Nr. 92, dazu oben 6 Striche → *zī*, S. 450.

Nr. 10. Oben 5 Striche → Nr. 112, dazu unten 5 Striche → *bìng*, S. 27.

Besteht das Zeichen aus einer äußeren und inneren Komponente, überprüfen Sie zuerst, ob die äußere Klassenzeichen ist. Üben Sie:

11. 闻   12. 图   13. 周   14. 间

Lösung:

Nr. 11. Außen 3 Striche → Nr. 37, dazu innen 6 Striche → *wén*, S. 361.

Sie hätten es auch unter der inneren Komponente Nr. 137 + 3 Striche gefunden, das ist zugleich die traditionelle Zuordnung: die innere Komponente *Ohr* ist Bedeutungshinweis, die äußere *mén* (*Tür*) Aussprachehinweis.

Nr. 12. Außen 3 Striche → Nr. 51, dazu innen 5 Striche → *tú*, S. 347.

Nr. 13. Außen 2 Striche → Nr. 16, dazu innen 6 Striche → *zhōu*, S. 443.

Nr. 14. Außen 3 Striche → Nr. 37, dazu innen 4 Striche → *jiān, jiàn*, S. 162, 165.

Anfangs ist das Zeichennachschlagen Detektivarbeit. Immer wieder scheint sich ein Zeichen Ihrem Zugriff entziehen zu wollen. Um so befriedigender, wenn Sie es schließlich „überführen" können. Verschaffen Sie sich Fahndungsroutine, indem Sie einige der Zeichen, die Sie in den Lektionen lernen, im Wörterbuch aufzuspüren versuchen.

Aus allem, was oben erklärt wurde, sehen Sie wie wichtig es ist, die Striche eines Zeichens richtig zu zählen. Müßten Sie z.B. die Striche des Zeichens *huí* 回 zählen, kämen Sie auf acht Striche, wenn Sie nicht gelernt hätten, daß 𠃌 ein Strich ist, das Zeichen also wie folgt geschrieben wird 丨 冂 冋 冋 回 回 und somit nur aus sechs Strichen besteht.

Wàn shì kāitóu nán, sagt man in China, d.h. *Aller Anfang ist schwer*. Das gilt allemal fürs Zeichenlernen. Denn es geht nicht, wie beim Kopieren einer kleinen Graphik, darum, auf irgendeinem Wege zu einem Bild zu kommen, das der Vorlage ähnelt. Der Weg, auf dem Sie zum Ziel kommen, ist genau vorgeschrieben, die Strichfolge für jedes Zeichen festgelegt. Halten Sie sich also, wenn Sie ein neues Zeichen lernen, genau an die Vorlage in den Lektionen. Nur bei sehr wenigen Zeichen ist die Strichfolge in China umstritten, in solchen Fällen orientiert sich die Vorlage an *Chángyòng Hànzì de bǐhuà bǐshùn* (*Die

Strichfolge häufig verwendeter chinesischer Zeichen), Shànghǎi jiàoyù chūbǎnshè, Shànghǎi 1979. Daß Sie sich die korrekte Strichfolge einprägen, ist auch deswegen so wichtig, weil Chinesen genau so wenig wie wir immer in Druckschrift schreiben, und in der Handschrift wird manches verschliffen, das Sie dann nur über die Kenntnis der Strichfolge erschließen können. So wird z.B. 女 (*Frau*) mit der Hand oft 𢆶 geschrieben, d.h. der zweite Strich 𠃌 𠃌 geht direkt in den dritten über 𢆶 . Das wäre unmöglich, wenn Sie die Strichfolge verändert und etwa mit dem waagerechten begonnen hätten. Zur Orientierung dienen einige Grundregeln der Strichfolge, die wir hier erwähnen wollen, sobald wir festgehalten haben, welche Grundstricharten, aus denen sich alle Zeichen zusammensetzen, unterschieden werden.

Bǎi "shòu" zì
Das Zeichen *shòu* 壽 *hohes Alter, langes Leben* auf hunderterlei Weise geschrieben.

Die Grundstricharten

Wer im Wörterbuch nachschlagen will, muß, wie oben gezeigt wurde, die Zahl der Striche richtig bestimmen können. Dafür muß man wissen, was als ein Strich gilt, ob z.B. das ㄴ im Zeichen 山 (*Berg*) in einem oder in zwei Strichen geschrieben wird. Man unterscheidet 22 Grundstricharten, aus denen sich noch einmal 6 „Urgrundarten" herauslösen lassen, Striche, bei denen das Schreibgerät keine Richtungsänderung vornimmt:

1.	一	*héng*	Waagerechter Strich wie die drei Striche in 三.
2.	丨	*shù*	Senkrechter Strich wie in 干.
3.	丶	*diǎn*	Punktartiger Strich (gleichwohl ein Strich) wie in 立.
4.	丿	*piě*	Von rechts oben nach links unten verlaufender Strich wie in 什.
5.	乀	*nà*	Von links oben nach rechts unten verlaufender Strich wie in 人.
6.	㇀	*tí*	Von links unten nach rechts oben verlaufender Strich wie in 打. Einen entsprechend von rechts unten nach links oben verlaufenden Strich gibt es nicht.

Hinzu kommen 16 Striche, bei denen das Schreibwerkzeug, ohne abzusetzen, die Richtung wechselt:

7.	㇖	*hénggōu*	Der waagerechte Strich (*héng*) wird mit einem Haken (*gōu*) abgeschlossen wie in 买. Beim Schreiben mit dem Pinsel gibt es ja grundsätzlich zwei Möglichkeiten: den Strich mit Druck bis zum Ende zu führen, dann entsteht beim Hochnehmen des Pinsels am Ende ein Häkchen oder aber den Pinsel

während des Schreibens langsam hochzuziehen und den Strich auszudünnen wie in 干, 中 usw. Der Haken, in den ein Strich ausläuft, ist also keine Verzierung, die man nach Lust und Laune ergänzen oder weglassen könnte.

8. 亅 *shùgōu* Der senkrechte Strich wird mit einem Haken abgeschlossen. Achten Sie darauf, daß der Haken nach links gezogen wird wie in 小.

9. ㇂ *xiégōu* Der von links oben schräg (*xié*) nach rechts unten gezogene Strich läuft in einen Haken aus wie in 戈.

10. ㇕ *héngzhé* Der waagerechte Strich läuft in einen Winkel (*zhé*) aus wie in 口.

11. ㇗ *shùzhé* Der senkrechte Strich läuft in einen Winkel aus wie in 山.

12. ㇓ *piězhé* Der von rechts oben nach links unten gezogene Strich wendet sich im Winkel von etwa 45° wieder nach rechts wie in 厶.

13. ㇇ *héngpiě* Der waagerechte geht über in einen von rechts oben nach links unten führenden Strich wie in 又.

14. ㇄ *shùtí* Der senkrechte Strich läuft in einen Haken nach rechts oben aus wie in 衣.

15. ㇏ *piědiǎn* Der von rechts oben nach links unten gezogene Strich kippt als punktförmiger Strich nach rechts unten wie in 如.

16. ㇆ *héngzhégōu* Der waagerechte Strich läuft in einen Winkel aus, der mit einem Haken abschließt wie in 习.

17. ㇊ *héngzhétí* Der (kurze) waagerechte Strich geht in einen Winkel über und läuft dann in einem nach rechts oben führenden (kurzen) Strich aus wie in 计.

18. ㇈ *shùwāngōu* Der senkrechte Strich läuft in eine Krümmung (*wān*) und diese in einen Haken aus wie in 儿.

19. ㇛ *héngzhézhépiě* Der waagerechte Strich geht in zwei aufeinander folgende Winkel über und läuft in einem von rechts oben nach links unten gezogenen Strich aus wie in 及.

20. ㇡ *héngzhézhégōu* (relativ selten): Ein waagerechter Strich geht in zwei aufeinander folgende Winkel über und schließt mit einem Haken ab wie in 乃.

21. ㇍ *héngzhéwāngōu* Der waagerechte Strich geht in einen Winkel über, ein wenig nach innen durchgebogen, verläuft der Strich nach rechts unten und schließt mit einem Haken ab wie in 飞.

22. ㇉ *shùzhézhégōu* Der senkrechte Strich geht in einen Winkel nach rechts über, dieser Strich in einen Winkel nach unten, er schließt mit einem Haken ab wie in 与.

(Die Darstellung orientiert sich an *Hànyǔ kèběn, Modern Chinese Reader, Book 1, Shāngwù yìnshūguǎn, Peking 1977, S. 13*)

Alle Zeichen bestehen aus Verbindungen dieser Grundstriche. Die Reihenfolge, in der sie geschrieben werden, ist für jedes der in diesem Übungsbuch vorgestellten Zeichen angegeben. Schreiben Sie nach der Vorlage und halten Sie sich genau an die vorgegebene Strichfolge. Grundsätzlich gelten dabei folgende Faustregeln:

1. Waagerecht (*héng*) vor senkrecht (*shù*), also 十 = 一 十

2. Strich von rechts oben nach links unten (*piě*) vor Strich von links oben nach rechts unten (*nà*), also 人 = 丿 人

3. Bei einer oben/unten-Aufteilung des Zeichens beginnen Sie mit der oberen Komponente, also 三 = 一 二 三

4. Bei einer links/rechts-Aufteilung: linke vor rechter Komponente, also 什 = 丿 亻 仁 什

5. Bei außen/innen-Aufteilung: äußere vor innerer Komponente, also 周 = 丿 冂 月 冂 冄 周

6. Kästchen erst schließen, wenn der Inhalt darin ist, also 囚 = 丨 冂 冂 囚 囚

7. Erst das große Zentrum, dann die kleinen seitlichen Elemente, also 小 = 亅 小 小

(Auch diese Darstellung orientiert sich an *Hànyǔ kèběn, Modern Chinese Reader, S. 14*)

Ein paar Tips:

Lernen Sie regelmäßig und anfangs nicht gleich zu ambitioniert. Hüten Sie sich vor dem Ehrgeiz, „Kalligraphie" schreiben zu wollen. Solche Versuche, gleich mit einer persönlichen Note imponieren zu wollen, lesen sich meist mehr wie der Ausdruck persönlicher Not. Schreiben Sie langsam und mit Druck, damit sich ein Gefühl für den Duktus des Strichs herausbilden kann, huschen Sie nicht mit dem Schreibgerät übers Papier. Schreiben Sie in Kästchen, die Sie so aufteilen, daß Sie die Zeichen gut zentrieren können.

Denn jedes Zeichen, ob einfach oder komplex, muß gleichermaßen ein Quadrat ausfüllen (deswegen sprechen die Chinesen von ihren Schriftzeichen auch als *fāngkuàizì*/Quadrat-Zeichen), das aus einem Strich bestehende Zeichen 一 genau so wie das aus 15 Strichen bestehende 糊. Auf der dritten Umschlagseite finden Sie leere Kästchen, die Sie sich fürs Üben kopieren können. Bedenken Sie auch, daß in jedes Kästchen nur ein Zeichen gehört, auch wenn ein Wort aus mehreren Zeichen bestehen kann,

     tāmen   shi   Zhōngguórén

ungeachtet der Tatsache, daß *tāmen* und *Zhōngguórén* jeweils nur ein Wort sind. Das heißt auch, daß im Schriftbild Wörter nicht als solche kenntlich sind, sie werden nicht durch Zwischenräume voneinander abgesetzt.

Seit Tausenden von Jahren schreiben Chinesen mit dem Pinsel, und die meisten Besonderheiten des Schreibens chinesischer Zeichen lassen sich aus den Eigentümlichkeiten des Schreibens mit einem Pinsel erklären. Wenn Sie eine chinesische Schreibwarenhandlung betreten, um einen Pinsel zu kaufen, tun Sie gut daran, sich vorher von Ihrem chinesischen Kalligraphie-Lehrer genau sagen zu lassen, was für einen Pinsel Sie brauchen, andernfalls wird Ihnen angesichts der Fülle von Pinseln jeden Materials und jeder Dicke und Feinheit die Wahl unmöglich oder aber peinlich willkürlich erscheinen.

Das alte Zeichen für *Pinsel* 聿 zeigt selber eine Hand ⼛ , die ein Schreibgerät hält. Lindquist vermutet, daß die ältesten Pinsel aus Bambus bestanden, den man an einem Ende weichgekaut hatte und daß dies auch erklärt, warum man dem Zeichen für *Pinsel* später den Bedeutungshinweis *Bambus* ⺮ hinzufügte, so daß *Pinsel* fortan 筆 geschrieben wurde. Auch heute noch besteht ein Pinselstiel aus Bambus, die Spitze, mit der geschrieben wird, aus Tierhaar, oft einem Gemisch aus dem Haar verschiedener Tiere (z.B. Dachs, Ziege, Hirsch, Hase), und Kennerschaft zeigt sich auch darin, daß man weiß, mit welchem Haar bzw. welcher Haarmixtur sich der Effekt, den man anstrebt, am besten erreichen läßt.

Neben dem *Pinsel* (*bǐ*) gehören *Tuschstein* (*yàntái*), *Tusche* (*mò*) und *Papier* (*zhǐ*) zu den *Vier Kostbarkeiten des Gelehrtenzimmers* (*wénfáng sìbǎo*), und wie beim Pinsel, weiß der Kenner auch, welche Tusche und welche Papiersorte seinen Zwecken dienen. Die Tusche, aus Ruß und Leim hergestellt und, aus Gründen des Wohlgeruchs, oft mit Moschus oder Kampfer versetzt, wird in getrockneter Form als

Stäbchen gehandelt und aufbewahrt und jeweils zum Schreiben in Wasser auf dem Tuschstein gerieben; dabei entscheidet man durch den Wasseranteil selber, wie hell oder dunkel die Tusche ausfällt.

Auf diese traditionelle Weise wird heutzutage allerdings nur noch von relativ wenigen Menschen geschrieben, wenn sie Schreiben als Kunst der Kalligraphie betreiben und nicht nur als eine Art, sich mitzuteilen. Die meisten Chinesen schreiben bei den meisten Anlässen mit Kugelschreiber oder Füllfederhalter.

Wenn Sie einen Pinsel verwenden möchten, schreiben Sie unter Anleitung und ständiger Begutachtung durch einen kompetenten chinesischen Lehrer. Der Pinsel wird nämlich auf eine besondere, uns zunächst ungewohnte Art gehalten und geführt, die Sie sich alleine nicht beibringen können. Verwenden Sie vor allem am Anfang lieber einen Füllfederhalter oder einen nicht sehr weichen Filzstift.

In den Lektionen dieses Schreibübungsbuches ist gleichwohl das einzelne Zeichen mit dem Pinsel geschrieben worden, die Strichfolge dagegen mit dem Füllfederhalter. Dem Pinselstrich läßt sich am besten ansehen, wo der Strich ansetzt, wo und wie er ausläuft, wo mit viel und wo mit wenig Druck geschrieben wird. Auf den Computer, der die Zeichen sauber und ebenmäßig ausdruckt, wurde nicht zurückgegriffen, jedenfalls nicht im Hauptteil des Buches, wo die Schriftzeichen in ihrer Strichfolge vorgeführt werden, weil das Druckbild eines Zeichens hin und wieder vom handgeschriebenen abweicht. Das könnte einen Anfänger unzumutbar verwirren.

Rén rú qí zì sagen die Chinesen, frei übersetzt *Zeig mir, wie du schreibst, und ich sage dir, wer du bist*. Ich danke meinem Lehrer, Professor Gāo Jiànqiū, daß er für mich die Zeichen in diesem Buch geschrieben hat.

Bǎi "shòu" tú
Tafel, auf der das Zeichen *shòu* = *hohes Alter* auf hunderterlei Weise so geschrieben ist, daß sich daraus ein großes Zeichen *shòu* 壽 ergibt.

一	二	三	四	五	六	七

1. 一	yī	→ 一							
	eins								
2. 二	èr	→ 二							
	zwei								
3. 三	sān	一	二	三					
	drei								
4. 四	sì	↓	冂	四	四	四			
	vier								
5. 五	wǔ	一	丆	五	五				
	fünf								
6. 六	liù	丶	亠	六	六				
	sechs								
7. 七	qī	↗	七						
	sieben								

		bā		八								
8.	八	acht										
		jiǔ		九								
9.	九	neun										
		shí		十								
10.	十	zehn										
		gè		个	个							個
11.	个	Zähleinheitswort										

Nr. 1 : Waagerechte Striche (*héng*) lieber leicht nach oben ziehen als nach unten, also ⌐ statt ⌐ .

Nr. 3 : Jedes Zeichen, ob einfach oder komplex, muß ein Kästchen gleichermaßen ausfüllen, also 一二三 statt 一二三 .

Nr. 4 : 冂 ist eine *Einfriedung*. Diese Einfriedung erst schließen, wenn das Einzufriedende darin ist!! So wie Sie beim Zahnarzt den Mund erst schließen, wenn die Plombe darin ist. Mit anderen Worten: Der die Einfriedung abschließende Strich wird zuletzt gezogen. Dabei darauf achten, daß dieser letzte waagerechte Strich weder nach links noch nach rechts die senkrechten Striche durchkreuzt; lieber kleine Lücken lassen: 四 , nicht 四 oder 四 . Der 3. Strich (*piě*) wie der 4. (*shùzhé*) werden handschriftlich oft einfach als senkrechte Striche geschrieben, also 四 statt 四 .

Nr. 6 : Der letzte Strich ist nach außen gebogen (*diǎn*), also 丶 , nicht 乀 .

Nr. 9 : Der 2. Strich läuft in einem Haken aus, nicht in einem Kringel. Also 九 , nicht 九 .

Nr. 10 : Das Zeichen *shí* sieht in der Tat wie ein Kreuz aus. So heißt *Kreuz* denn auch auf chinesisch *shízìjià* (Gerüst in der Form des Schriftzeichens 10), eine *Straßenkreuzung* ist eine *shízì-lùkǒu* (Straßeneinmündung in der Form des Schriftzeichens 10), ein *Kreuzritter* ein *shízì-qíshì* (Berittener mit dem Zeichen 10).

Nr. 11 : ZEW, d.h. Zähleinheitswort.

| 人 | 不 | 中 | 国 | 日 | 本 | 法 |

人	rén	ノ	人								
	Mensch										
12.											
不	bù	一	ア	不	不						
	nicht										
13.											
中	zhōng zhòng	↓	口	口	中						
	Mitte treffen										
14.											
国	guó	↓	冂	冋	同	囝	国	国	國		
	Land	国									
15.											
日	rì	丨	冂	日	日						
	Sonne Tag										
16.											
本	běn	一	十	才	木	本					
	Ursprung										
17.											
法	fǎ	ヽ	丶	氵	氵	汁	法	法			
	Gesetz Methode	法									
18.											

我 你 他 她 是

		wǒ / ich	㇒	㇐	手	手	扎	我	我	
19.	我	nǐ / du Sie	㇒	亻	伩	你	你	你	你	
20.	你	tā / er	㇒	仃	仲	他				
21.	他	tā / sie	㇜	幺	女	如	如	她		
22.	她	shì	㇑	冂	日	日	旦	旱	昗	
23.	是	sein (Kopula)	昰	是						

Nr. 12 : Ursprünglich das Piktogramm eines Menschen im Profil: 𠂉 .

Nr. 14 : In seiner ursprgl. Form interpretiert als ein Pfeil, der in eine Scheibe einschlägt (im 4. Ton bedeutet *zhòng* noch heute *treffen*). Auch als *Banner* gedeutet, ausgehend von der archaischen Schreibung 𢎨 .

Nr. 15 : In Bezug auf das Schließen der Einfriedung vgl. Nr. 4. Achten Sie darauf, daß der senkrechte Strich im Innern der Einfriedung weder nach oben noch nach unten die Waagerechte durchschneidet, also weder 囯 noch 囸 . Indem Sie Nr. 15 schreiben, lernen Sie gleichzeitig die Zeichen *wáng* 王 (König) und *yù* 玉 (Jade).

25

Nr. 16 : Als Piktogramm für die *Sonne* selber ein häufiger Bedeutungshinweis (BH) bzw. Radikal. Einst ⊙ geschrieben, wird die Form durch das Schreiben mit dem Pinsel eckig.

Nr. 17 : Piktogramm eines *Baumes* 木, Bedeutungshinweis (BH, Radikal) in Zeichen, die etwas bezeichnen, das mit *Holz* zu tun hat. Der abschließende 5. Strich als Hinweis, daß da noch etwas unter der Erde ist, also auf die *Wurzeln*. Die beiden Zeichen Nr. 16 und Nr. 17 werden auf japanisch *Nihon* bzw. *Nippon* gelesen. Die Japaner haben also als Bezeichnung für ihre Heimat einen Namen übernommen, den Chinesen geprägt hatten: *Wurzel/Ursprung der Sonne = Land der aufgehenden Sonne.*

Nr. 18 : Der linke Teil des Zeichens ist BH und *Radikal* (*bùshǒu*): Drei Wassertropfen, d.h. die Bedeutung des Zeichens hat irgend etwas mit *Wasser* zu tun. *Fǎ* war in seiner ursprünglichen Bedeutung eine Eindeichung, so daß hinter der heutigen Bedeutung *Gesetz, Methode* die Vorstellung vom Gesetz als einer Eindeichung gestanden haben könnte.

Nr. 19 : Den 2. Strich (*héng*) auf keinen Fall nach unten führen. Den 3. Strich (*shùgōu*) ganz gerade nach unten ziehen, also nicht 亅. Den 5. (*xiégōu*) nicht kürzer als den 3., also 我, nicht 我. 戈 ist ein Speer. So interpretiert man *wǒ* (*ich*) als eine Hand 手, die nach einem Speer greift, um ihre Rechte zu verteidigen.

Nr. 21 : *Nǐ* und *tā* haben mit 亻 denselben BH (*Radikal, bùshǒu*): *Mensch* wird also als linke Komponente eines Zeichens 亻 geschrieben. 他 bezeichnet ursprgl. *er* und *sie*. Die Differenzierung in Nr. 21 und Nr. 22 wurde erst unter dem Einfluß der Begegnung mit westlichen Sprachen vorgenommen. Achten Sie bei diesem Zeichen wie bei Nr. 22 darauf, daß der letzte Strich der rechten Komponente nicht kürzer ausfällt als der erste, also 他, nicht 他.

Übungen zu Lektion 2

1. *Geben Sie jeweils die Nationalität der abgebildeten Person an:*

2. *Ergänzen Sie fehlende Zeichen:*

   a) 他 _____ 是法国人, 是中国人。

   b) 五 _____ 日 _____ 人。

3. *Übersetzen Sie und schreiben Sie:*

   a) Ich bin kein (nicht) Japaner.   b) Sie ist Französin.

文 学 生 习 的 老 师									

文	wén	⌐	宀	⅁	文					
	Text Schrift									
学	xué	⌐	⅄	⅂	凵	屵	学	学		學
	nachahmen lernen	学								
生	shēng	⌐	⌐	仁	牛	生				
	gebären leben									
习	xí	⅂	⅃	习						習
	üben									
的	dě	ノ	イ	白	白	白	白	的		
	Attributiv-partikel	的								
老	lǎo	一	十	土	耂	老	老			
	alt									
师	shī	⌐	⅄	广	⼴	师	师			師
	Meister									

24.
25.
26.
27.
28.
29.
30.

27

英 德 教 吗

31. 英	yīng	一	十	艹	艹	艿	苎	英		
	Held	英								
32. 德	dé	丶	彳	彳	彳	彳	彳	彳		
	Sittlichkeit	德	德	德	德	德	德	德		
		德								
33. 教	jiāo jiào	一	十	土	耂	耂	耂	孝		
	lehren Lehre	孝	教	教	教					
34. 吗	mǎ	丨	口	口	叮	吗	吗			嗎
	Fragepartikel									

Nr. 24 : Ursprgl. *Maserung, Tätowierung, Textur*, wie heute noch in den Begriffen *wénshēn* 文身 *tätowieren* und *tiānwénxué* 天文学 *Lehre von den himmlischen Texturen = Astronomie.*

Nr. 25 : BH ist die untere Komponente *zǐ* 子 *Kind* als Hinweis auf den Lernenden.

Nr. 26 : Ursprgl. Piktogramm eines aus der Erde sprießenden Sämlings: 坐.

Nr. 27 : Nr. 25 + Nr. 27 = *xuéxí. Lernen = nachahmen (xué) + üben (xí).*

Nr. 29 : Ursprgl. Piktogramm eines auf einen Stock gestützten Mannes: .

Nr. 31 : Obere Komponente ist BH ⺾ (*cǎo* = *Gras*), Hinweis darauf, daß die Bedeutung des Zeichens etwas mit Pflanzen zu tun hat. So heißt *yīng* in der Grundbedeutung denn auch *Blüte*.

Nr. 32 : Zentraler Begriff in der chinesischen Philosophie, ursprgl. etwa *Charisma*, in erweiterter Bedeutung etwa *tugendhaftes Verhalten*. Der BH 彳 (*shuāng rén páng*) weist darauf hin, daß zwei Menschen involviert sind. Die rechte Komponente besteht aus 十 (*zehn*), 皿 (*Auge*), 一 (*eins*) und 心 (*Herz*). Der Schöpfer des Wortes *Déguó* orientierte sich zunächst an dem Laut *Deutschland* und wählte unter den *de* gelesenen Zeichen das für *Charisma, Tugend*. So wurde *Deutschland* zum Land der Tugendhaften und der Charismatiker.

Nr. 33 : Oberer Teil der linken Komponente wie in Nr. 29, unterer Teil *Kind*, vgl. Nr. 49 u. 25.

Nr. 34 : Links BH *Mund* 口 (*kǒu*), Hinweis, daß der Begriff etwas mit dem Mund zu tun hat. Rechts der Aussprachehinweis (AH) *mǎ* 马 (*Pferd*).

Übungen zu Lektion 3

1. *Unterlegen Sie mit Pinyin und vergessen Sie nicht, die Töne zu markieren!*

 a) 他是英文老师吗? 不是英文老师。

 b) 你学习德文吗? 是的。

 c) 她是学生吗? 不是学生, 是老师。

2. *Wie läßt sich das Zeichen ergänzen?*
 a) 亻 b) 亻 c) 彳 d) 口 e) 白

 f) 冂 g) 冂 h) ⺍ i) ⺾

Noch verstehen Sie auf diesem Plakat lediglich zwei Zeichen. Am Ende des Lehrgangs ist Ihnen nur noch eines fremd: 为 *wèi* (*für*), so daß es sich Ihnen in folgender Bedeutung erschließt: *Das Volk lieben, (sich) für das Volk (engagieren), vom Volke lernen.*

这 和 王 张 女 士 先

		zhè	ヽ	ニ	大	文	汶	汶	这	這
35.	这	diese(r)								
	和	hé	ノ	ニ	千	禾	禾	和		
36.		Harmonie und								
	王	wáng	一	二	干	王				
37.		König (Name)								
	张	zhāng	フ	丏	弓	引	引	张	张	張
38.		Zählein-heitswort (Name)								
	女	nǔ	⺃	女	女					
39.		Frau weiblich								
	士	shì	一	十	士					
40.		Gelehrter								
	先	xiān	⺊	亻	牛	牛	先	先		
41.		zuerst								

叫 什 么 名 字

			叫 jiào	口	叫	叫					
42.		rufen									
	什	shén	丿	亻	什	什					甚
43.		sehr (in Verbindung mit 44) was?									
	么	me	丿	厶	么						麼
44.		(keine eigene Bedeutung)									
	名	míng	丿	勹	夕	夕	名	名			
45.		Name									
	字	zì	丶	宀	宀	宀	宀	字			
46.		Schriftzeichen									

Nr. 35 : Der obere Teil ähnelt Nr. 24. Beachten Sie aber, daß bei *zhè* der 4. Strich nach oben ㇏ , bei *wén* nach unten ㇏ durchgebogen ist.

Nr. 36 : In der Grundbedeutung *Harmonie*. Linke Komponente = *Hirse*, rechte = *Mund*. Merkhilfe: Voraussetzung für Harmonie ist, daß der Mund nicht zu weit vom Getreide entfernt ist.

Nr. 37 : Dieses Zeichen hatten wir schon kennengelernt, als wir Nr. 15 schrieben. Es heißt, die drei waagerechten Striche symbolisierten Himmel, Mensch und Erde; sie werden durch den senkrechten verbunden. Merkhilfe: Der König als Mittler zwischen Himmel, Erde und Menschen. Wie das deutsche *König*, auch im Chinesischen ein sehr häufiger Familienname.

Nr. 38 : Links BH *Bogen* (*gōng*), rechts AH *cháng*. Der häufigste chinesische Familienname und damit der häufigste Name der Welt.

Nr. 39 : Ursprgl. Piktogramm einer knienden Frau: 虐 .

Nr. 40 : Der für das Alte China so typische Gelehrten-Beamte, der gleichzeitig noch Grundbesitzer war. Ein Piktogramm, das mal als Zeichnung eines Phallus, mal als Zeichnung einer Waffe des Altertums erklärt wird.

Nr. 42 : Links BH *Mund* (*kǒu*).

Nr. 43 : Im Kurzzeichen (*jiǎntǐzì*) ist die linke Komponente BH *Mensch* (*rén*), die rechte *zehn* (*shí*).

Nr. 44 : Dieses Zeichen wird nicht allein gebraucht, sondern nur in Verbindungen.

Nr. 45 : Verbindung von *aufgehender Mond* 𠁥 und *Mund*, was u.a. wie folgt „erklärt" wird: Wenn man in der Dunkelheit das Gegenüber nicht mehr erkennen kann, erkundigt man sich nach seinem Namen bzw. läßt man den anderen wissen, mit wem er es zu tun hat, indem man den Namen nennt (Ann). Zumindest eine Merkhilfe.

Nr. 46 : Obere Komponente *Dach* ⼧, untere *Kind* (vgl. Nr. 49), wobei *Kind* einen AH enthält.

Übungen zu Lektion 4

1. *Lesen Sie den Text von Lektion 1 aus* Langenscheidts Praktischem Lehrbuch Chinesisch *zunächst laut. In einem zweiten Schritt stellen Sie eine Pinyin-Fassung her und vergessen dabei nicht, die Töne zu markieren. Schließlich schreiben Sie, was Ihnen nun in Pinyin vorliegt, noch einmal in Zeichen, soweit Ihnen diese bekannt sind.*

   a) 这是中国。这是德国。这是英国吗？是。
      这是法国吗？是的。这是日本吗？对 (duì)。

   b) 我是王美 (Měi) 玉 (yù)。我是中国人。我是老师。我教中文。

   c) 他是史 (Shǐ) 大 (Dà) 卫 (wèi)。他是英国人。他是学生。他学经 (jīng) 济 (jì) 和中文。

   d) 她是贝 (Bèi) 安 (Ān) 丽 (lì)。她是德国人。她是翻 (fān) 译 (yì)。她翻译中文和英文。

   e) 王美 (Měi) 玉 (yù) 教中文吗？是的。贝 (Bèi) 安 (Ān) 丽 (lì) 翻 (fān) 译 (yì) 中文和英文吗？对 (duì)。

   f) 你是法国人吗？不是。你是英国人吗？不, 我是德国人。

   g) 他学习日文吗？不/不是。他学习法文吗？不, 他学习经 (jīng) 济 (jì) 和中文。

2. *Übersetzen Sie und schreiben Sie in Zeichen:*
   a) Herr Wáng und Frau Zhāng lernen Deutsch.
   b) Dieser englische Student studiert Französisch.
   c) Was unterrichten diese vier japanischen Lehrer? (Sie) unterrichten Japanisch.
   d) Ist seine Chinesisch-Lehrerin Chinesin? Nein, (sie) ist Deutsche.
   e) Wie heißen Sie? Ich heiße Wáng Déběn.

3. *Welche Zeichen lassen sich zu einem Wort verbinden?*

   1) 名   2) 先   3) 老   4) 女   5) 英   6) 什

   a) 文   b) 么   c) 字   d) 生   e) 师   f) 士

4. *Markieren Sie die Töne:*

   十   是   师   士

5. *Diese Zeichen lassen sich jeweils durch dieselbe Komponente vervollständigen:*

   a) 丩 , 禾 , 夕 , 马

   b) 尔 , 十 , 也

Auf diesem Bild sehen Sie zwei Fledermäuse als Symbol für den
Wunsch nach doppeltem Glück. *Glück* heißt *fú* 福 (vgl. Nr. 98)
und ist gleichlautend mit *fú* 蝠 (*Fledermaus*).
Wir wünschen Ihnen ein doppeltes Glücksgefühl: beim Schreiben
wie beim Lesen der chinesischen Schriftzeichen!

儿	几	子	孩	自	行	车

儿 几 子 孩 自 行 车	ér -r Sohn (Suffix)	㇒	儿							兒
	jǐ einige wie viele	㇒	几							幾
	zǐ zi Sohn (Suffix)	㇇	了	子						
	hái Kind	孑	孓	孖	孜	孩	孩	孩		
	zì selber	㇒	亻	亻	自	自	自			
	xíng háng gehen Firma	㇒	彳	彳	彳	行	行			
	chē Wagen	㇀	车	车	车					車

47.
48.
49.
50.
51.
52.
53.

| 有 小 大 两 做 |

54.	有	yǒu / haben es gibt	一	ナ	ナ	冇	有	有	
55.	小	xiǎo / klein	⅃	小	小				
56.	大	dà / groß	一	ナ	大				
57.	两	liǎng / zwei	一	冂	门	丙	两	两	两
58.	做	zuò / machen	ノ	亻	什	什	估	估	
			估	估	做	做			

a b c d e f g h

Das Zeichen *chē* (*Wagen*) in (a) Orakelknochenschrift, (b) Bronzeinschrift, (c) Siegelschrift, (d) Kanzleischrift, (e) Normalschrift, (f) Grasschrift, (g) Kursivschrift, (h) als Kurzzeichen

35

Nr. 47 : Piktogramm eines Babys, bei dem – im Langzeichen (*fántǐzì*) – der große Kopf und die langen Beine besonders ins Auge springen. Im Kurzzeichen (*jiǎntǐzì*) sind nur mehr die Beine zu sehen. Die Öffnung in der oberen Komponente des Langzeichens weist auf die noch nicht geschlossene Fontanelle des Babys hin.

Nr. 48 : In beiden Bedeutungen (*wieviele, einige*) durch ZEW mit dem Nomen verbunden.

Nr. 49 : Piktogramm eines gewickelten Babys, die Arme sind frei 卯 .

Nr. 50 : Links BH *Kind* (*zǐ*), rechts AH *hài*.

Nr. 51 : Ursprgl. Piktogramm einer *Nase* von vorn 自 . Merkhilfe: sich an die eigene Nase fassen.

Nr. 52 : Traditionell ein Radikal, doch wird in einigen Wörterbüchern die linke Komponente (*shuāng rén páng*) als Radikal gesehen. Ursprgl. Bild einer *Straßenkreuzung* 彳 .

Nr. 53 : Wie im Langzeichen (*fántǐzì*) noch zu erkennen, ist Nr. 53 ursprgl. Piktogramm eines Streitwagens, gesehen aus der Vogelperspektive: der senkrechte Strich (*shù*) die Achse, die beiden waagerechten (*héng*) oben und unten weisen auf die Räder hin, in der Mitte der Teil, in dem der Krieger steht. Verglichen mit dem Langzeichen, entbehrt das Kurzzeichen (*jiǎntǐzì*) der Sinnfälligkeit und ist geradezu eindrucksvoll unattraktiv. Das mag erklären, warum auch in der VR China gerade dieses Zeichen oft noch als Langzeichen geschrieben wird, z.B. auf dem Stein, der im Schachspiel den *Wagen* darstellt.

Nr. 54 : Obere Komponente eine *Hand*, die – untere Komponente – ein Stück *Fleisch* hält.

Nr. 55 : Der 2. Strich als *piě* geschrieben, der 3. als *diǎn* (vgl. Nr. 6).

Nr. 56 : Piktogramm eines Mannes, der breitbeinig und mit ausgebreiteten Armen dasteht: 大 .

Nr. 57 : Ursprgl. Abbildung von Deichsel, Querstange und Geschirr einer mit zwei Tieren bespannten Kutsche 从 . In der heutigen Schreibweise meinen wir, zwei Menschen zu sehen.

Nr. 58 : Aus drei Komponenten zusammengesetzt: Links BH *Mensch* (*rén*), rechts 攵 *klopfen, schlagen* (*pū*), das in anderen Zeichen oft als BH auftaucht. In der Mitte 古 *alt* (*gǔ*), vgl. Nr. 275.

自行车

Übungen zu Lektion 5

1. *Ordnen Sie die Zeichen so, daß sich Sätze ergeben.*

   a) 他, 几, 子, 有, 孩, 个 ?

   b) 行, 女, 自, 有, 王, 车, 士, 没

   c) 日, 什, 两, 这, 本, 叫, 么, 个, 人, 字, 名

2. *Bei welchem der vier Wörter ließe sich* 国 *durch* 文 *ersetzen, und was bedeutete es dann?*

中国 — 人
    — 孩子
    — 学生
    — 老师

3. *Lesen Sie und transkribieren Sie in Pinyin. Aus der Pinyin-Fassung rekonstruieren Sie die Zeichen-Version:*

贝 (Bèi) 女士有一个女儿, 她叫 JENNY。 JENNY 喜 (xǐ) 欢 (huan) 骑 (qí) 自行车。 她有两辆 (liàng) 自行车。

你叫什么名字？ 我叫张小龙 (lóng)。

这是什么。 这是小提 (tí) 琴 (qín)。 我喜 (xǐ) 欢 (huan) 拉 (lā) 小提 (tí) 琴 (qín)。

你喜 (xǐ) 欢 (huan) 做什么？

我喜欢打 (dǎ) 乒乓 (pīngpāng) 球 (qiú)。 你喜欢打乒乓球吗？

喜欢。 你有乒乓球 (qiú) 吗？ 有。 你有几个？ 两个。 我有八个。

车 ist eine Figur im chinesischen Schach. Dabei entspricht der „Wagen" etwa dem „Turm" in unserem Schach.

| 了 | 们 | 在 | 图 | 书 | 馆 | 工 |

		le	フ	了						
59.	了	(Partikel)								
	们	mèn	ノ	亻	亻	们				們
60.		(Plural-partikel)								
	在	zài	一	ナ	才	疗	在			
61.		sich befinden								
	图	tú	丨	冂	冂	冈	冈	图	图	圖
62.		Karte Bild	图							
	书	shū	フ	马	书	书				書
63.		Buch								
	馆	guǎn	⺈	ク	饣	饣	饣	馆		舘
64.		Gasthaus	馆	馆	馆	馆				
	工	gōng	一	丁	工					
65.		Arbeit arbeiten								

北 京 作 还 没 员

北京作还没员	běi	丨	㇇	㇈	北	北		
	Norden							
66.	jīng	丶	亠	宀	古	亨	京	
	Hauptstadt	京						
67.	zuò	亻	亻	仁	仁	作	作	
	machen tun							
68.	hái huán	一	丁	不	不	还	还	還
	noch zurückgehen							
69.	méi mò	丶	冫	氵	氵	汐	没	
	nicht haben untergehen							
70.	yuán	丶	口	口	尸	员	员	員
	Angestellter							
71.								

北京   北 京

39

Nr. 59 : Die Strichverbindung ist Ihnen bereits von Nr. 25, 33, 46, 49, 50 vertraut. Ursprgl. ist 了 ein Verb, liest sich *liǎo* und bedeutet *beenden*. So wird es heute noch als Verb-Komplement gelesen sowie beim Singen und Deklamieren gebraucht.

Nr. 60 : Links BH *Mensch* (*rén*), rechts AH *mén* (vgl. Nr. 219).

Nr. 61 : Unten BH *Erde* (*tǔ*), was im Zusammenhang mit der Bedeutung *sich befinden* plausibel ist. Beachten Sie, daß der 4. Strich kürzer sein muß als der 6.

Nr. 62 : Denken Sie daran: Die Einfriedung erst schließen, wenn sie gefüllt ist!

Nr. 63 : In der ursprgl. Form: unten *Mund*, oben *einen Pinsel halten* 書 , im Langzeichen (*fántǐzì*) noch erkennbar. *Shū* hieß auch *schreiben* (so wird das Zeichen im Japanischen auch heute noch verstanden) und existiert in dieser Bedeutung im modernen Chinesischen noch in bestimmten Zusammensetzungen wie *shūfǎ* 书法 *Gesetze des Schreibens* → *Kalligraphie* sowie *shūfǎjiā* 书法家 *Kalligraph*.

Nr. 64 : Links BH *essen* (*shí*), rechts AH *guān*.

Nr. 65 : Ursprgl. Piktogramm für das Winkelmaß eines Handwerkers. Selber Radikal.

Nr. 66 : Ursprgl. zwei Menschen Rücken an Rücken 北 . Der Kaiser saß traditionell mit dem Gesicht nach Süden, den Rücken also dem Norden zugewandt.

Nr. 67 : Ursprgl. Skizze eines Palastgebäudes: 宀 .

Nr. 68 : Links BH *Mensch*, rechts AH *zhà* (vgl. auch Nr. 293).

Nr. 69 : Unten BH *hastig gehen* (*chuò*), oben im Langzeichen (*fántǐzì*) AH *huan*. Im Kurzzeichen (*jiǎntǐzì*) geht dieser AH in 不 (vgl. Nr. 13) verloren.

Nr. 70 : Links BH *Wasser* (*shuǐ*), vgl. Nr. 18. Daß *méi* (*nicht haben, nicht vorhanden sein*) mit dem Radikal *Wasser* geschrieben wird, leitet sich also von *mò* = *untergehen* ab.

Nr. 71 : Oben *Mund*, unten *Muschel* (*bèi*), beide als Radikale verwendet, doch wird Nr. 71 dem Radikal *Mund* zugeordnet. Dabei soll (so Wang) die untere Komponente ursprgl. nicht *Muschel*, sondern ein Sakralgefäß (Dreifuß) bezeichnet haben, der *Mund* dessen Tülle.

Übungen zu Lektion 6

1. *Silbenrätsel*

员, 馆, 京, 子, 工, 图, 生, 名, 学, 师, 先, 书, 馆, 行, 北, 车, 孩, 作, 自, 字, 习, 人, 老, 馆。

a) Seltsamerweise sieht man es nur im Manne: (2 Schriftzeichen)

b) Leiht aus, katalogisiert, bestellt. Bleibt da noch Zeit zum Lesen? (5 Schriftzeichen)

c) Schändet nicht: (2 Schriftzeichen)

d) Ökologisch überzeugendes Fortbewegungsmittel. Aber bewegt es sich wirklich von selber, wie uns der Name glauben machen will? (3 Schriftzeichen)

e) Man begegnet ihm in der chinesischen Hauptstadt. Dabei ist er älter als sie: (3 Schriftzeichen)

f) Probieren geht noch darüber hinaus: (2 Schriftzeichen)

g) Beruf als Berufung. Oft aber nur einer, der alles besser weiß: (2 Schriftzeichen)

h) In China ist jeder Mann ein „Erstgeborener": (2 Schriftzeichen)

i) Was Rumpelstilzchen nicht preisgeben wollte: (2 Schriftzeichen)

2. *Lesen Sie, transkribieren Sie in Pinyin (Töne!) und machen Sie aus der von Ihnen erstellten Pinyin-Fassung wieder einen Text in chinesischen Schriftzeichen, den Sie dann mit dem hier vorliegenden vergleichen:*

张女士做什么?
她是图书馆馆员,她在北京工作。
这两个法国学生在北京学习中文吗?
是的。
王老师没有孩子吗?
有孩子,他有一个儿子、两个女儿。

四个 ....

两个中国孩hái子

结婚好妈认识语

		jié	乡	纟	纟	纟	纤	纠	纠	結
72.	结	verknüpfen	结	结						
73.	婚	hūn	女	女	奵	妒	娇	娇	婚	
		Ehe	婚	婚						
74.	好	hǎo / hào	女	好						
		gut / lieben								
75.	妈	mā	女	妈	妈	妈				媽
		Mutter								
76.	认	rèn	丶	讠	认	认				認
		erkennen								
77.	识	shí	讠	讠	识	识				識
		kennen								
78.	语	yǔ	讠	讠	讠	语	语	语		語
		Sprache								

汉住真爱贝贵爸									

汉 79.	hàn	⺀	⺀	氵	汈	汉			漢
	Han-Nationalität								
住 80.	zhù	亻	个	伫	住	住	住		
	wohnen								
真 81.	zhēn	一	十	广	古	吉	直	直	眞
	wahr wirklich	直	真	真					
爱 82.	ài	⺀	⺀	⺀	⺍	爫	쯔	꿈	愛
	lieben	孚	旁	爱					
贝 83.	bèi	丨	冂	贝	贝				貝
	Muschel (Name)								
贵 84.	guì	中	虫	贵					貴
	wertvoll teuer								
爸 85.	bà	⺀	八	少	父	爷	谷	爷	
	Vater	爸							

Nr. 72 : Links BH *Seide* (*sī*), rechts AH *jí*. Der 4. Strich muß länger als der 6. sein (vgl. Nr. 40).

Nr. 73 : Links BH *Frau*, rechts AH *hūn* (*Abenddämmerung*), dessen untere Komponente *Sonne* ist (vgl. Nr. 16). So sagt eine Erklärung: Bei Einbruch der Dämmerung bestieg die Braut die Sänfte, die sie ins Haus des Bräutigams schaffte. Daß der AH auch *konfus* bedeutet, ist eher eine Merkhilfe für Hagestolze.

Nr. 74 : Kombination zweier Piktogramme (*huìyì*): Links *Frau* (*nǔ*), rechts *Kind* (*zǐ*). Inbegriff von *gut* ist für den Chinesen also eine *Frau mit Kind*.

Nr. 75 : Links BH *Frau* (*nǔ*), rechts AH *mǎ* (vgl. Nr. 34).

Nr. 76 : Links BH *sprechen* (*yán*), rechts AH *rén* (*Mensch*).

Nr. 77 : Links BH *sprechen* (*yán*), rechts AH *zhǐ* (*nur*).

Nr. 78 : Links BH *sprechen* (*yán*), rechts AH *wú* (*ich*).

Nr. 79 : Links BH *Wasser* (*shuǐ*). Diese drei Wasserspritzer (*sān diǎn shuǐ*) kann der Anfänger leicht mit der verkürzten Schreibweise des Radikals *sprechen* (*yán*) verwechseln (氵 / 讠), während sich die Langformen deutlich voneinander unterscheiden: 氵 / 言. *Hàn* ist der Name des längsten Yangzi-Nebenflusses. Er entspringt im NW Chinas in der Provinz Shǎanxi, der Wiege der chinesischen Zivilisation, und mündet bei Wǔhàn (Hauptstadt der Provinz Húběi) in den Yángzǐ. *Hàn* ist auch die Selbstbezeichnung der Chinesen als ethnischer Einheit, abgesetzt gegen die nationalen Minderheiten im Lande.

Nr. 80 : Links BH *Mensch* (*rén*), rechts AH *zhǔ* (*Herr*).

Nr. 81 : Gab in seiner urspgl. Form die Gestalt eines Dreifußes wieder, wie er in der Wahrsagerei benutzt wurde.

Nr. 82 : Traditionell gilt *Herz* 心 (*xīn*) als BH, was für den Begriff *lieben* nicht unplausibel erscheint (vgl. das Langzeichen (*fántǐzì*) rechts!). Die Verkürzung um drei Striche im Kurzzeichen (*jiǎntǐzì*) wirkt ideologisch motiviert: Das *Herz* verschwindet und wird durch *Freund* ersetzt. Radikal des Zeichens ist nun, wo die *Liebe* das *Herz* verloren hat, die *Kralle* 爪 (*zhǎo*)!!

Nr. 83 : Ursprgl. Piktogramm einer Kaurimuschel, des frühesten Zahlungsmittels im Alten China. Selber Radikal. Verwechseln Sie *bèi* nicht mit *jiàn* 见 (vgl. Nr. 146), von dem es sich durch den letzten Strich unterscheidet.

Nr. 84 : Daß das Zeichen etwas Wertvolles bezeichnet, darauf weist die untere Komponente als BH *Muschel* (*bèi*) hin (vgl. Nr. 83).

Nr. 85 : Oben BH *Vater* (*fù*), unten AH *bā* (*haften*).

Übungen zu Lektion 7

1. *Ergänzen Sie die fehlenden Zeichen:*

a) 你认＿＿＿她妈妈吗？还不认＿＿＿。

b) 她女儿＿＿＿北京学习＿＿＿语。

c) 张＿＿＿师没有自＿＿＿车。

d) 我儿子在法＿＿＿学习法＿＿＿。

e) 王先生住在＿＿＿京吗？＿＿＿的。

f) 贝英德结 .... 了吗？还 .... 有结 .... 。

g) 他们在图 .... 馆工 .... 。

2. Welche Eigenschaft wird durch welches Schriftzeichen ausgedrückt?

1) alt   a) 好
2) teuer   b) 大
3) klein   c) 贵
4) gut   d) 老
5) groß   e) 小

3. *Schneiden Sie sich aus Pappe Kärtchen und schreiben Sie jedes der 85 Schriftzeichen, die Sie bisher gelernt haben, auf zwei Kärtchen. Spielen Sie nun mit den insgesamt 170 Kärtchen Memory®. Dabei dürfen Sie nicht nur Kärtchen mit gleichen Zeichen aufnehmen, sondern auch alle, die zusammen ein Wort oder gar einen Satz ergeben, also nicht nur* 学+学, *sondern auch* 学生 *oder* 学习 *oder* 他 是一个日本学生.

妈妈
女儿
儿子

这两个德国人住在北京
这两个德国人住在北京
这两个德国人住在北京
这两个德国人住在北京
这两个德国人住在北京
这两个德国人住在北京
这两个德国人住在北京
这两个德国人住在北京
这两个德国人住在北京
这两个德国人住在北京

爸爸!

姓	妹	哥	那	哪	对	安

Lektion 8

姓	xìng	く	乄	女	女	女	姓	姓
86.	Familienname, mit ~n heißen	姓	姓					
妹	mèi	女	女	女	妹	妹	妹	
87.	jüngere Schwester							
哥	gē	一	可	可	哥	哥	哥	
88.	älterer Bruder							
那	nà	フ	ヨ	ヨ	those	那	那	
89.	jene(r)							
哪	nǎ	�口	哯	哪				
90.	welche(r)							
对	duì	フ	又	对	对	对		對
91.	vis à vis richtig							
安	ān	丶	宀	安				
92.	Friede							

46

美 丽 经 济 辆 福								

93. 美	měi schön	丶	丷	丷	丷	羊	羊	羊	
		美	美						
94. 丽	lì schön	一	厂	厂	厅	爪	丽	丽	麗
95. 经	jīng hindurch-gehen Kanon, Buch	乙	乡	纟	幺	经	经	经	經
		经							
96. 济	jì helfen	氵	氵	汀	汐	汶	济	济	濟
97. 辆	liàng Zählein-heitswort	一	士	车	车	车	车	斩	辆
		辆	辆						
98. 福	fú Glück	丶	礻	礻	礻	礻	福	福	
		福	福	福	福				

Nr. 86 : Es muß verwundern, daß in einer patriarchalischen, patrilinear organisierten Gesellschaft wie der chinesischen *Frau* BH im Zeichen für *Familienname* ist. Die rechte Komponente *shēng* als AH bringt etwas von ihrer Bedeutung in das Zeichen ein, so daß es sich zunächst als *von einer Frau geboren* versteht. Viele Interpreten sehen darin einen Hinweis darauf, daß die Chinesen ursprgl. matrilinear organisiert waren.

Nr. 87 : Links BH *Frau* (*nǚ*), rechts AH *wèi* (*noch nicht*). Merkhilfe: *mèi = noch nicht Frau*.

Nr. 88 : BH ist *Mund*. Es handelt sich bei *gē* um ein Lehnwort aus dem Türkischen. Man schreibt zweimal *kě* (vgl. Nr. 103) übereinander.

Nr. 89 : Rechts BH *Stadt* (*yì*). Bei der linken Komponente die Strichfolge beachten, nicht mit *yuè* (*Mond*, vgl. Nr. 250) verwechseln!

Nr. 90 : Dieses Zeichen ist eine relativ moderne Schöpfung. Ursprgl. bedeutete Nr. 89 sowohl *jener* als auch *welcher?* In Nr. 90 wurde dann *Mund* als BH ergänzt.

Nr. 91 : Ursprgl. (vgl. Langzeichen *fántǐzì*) Bild einer *Hand* (rechts), die einen *Pfeiler* (links) aufrichtet (Wang). Die linke Komponente des Langzeichens (*fántǐzì*) existiert nicht für sich allein, die rechte liest sich *cùn* und ist eine Maßeinheit, meist mit *Zoll* übersetzt. In der Grundbedeutung ist Nr. 91 *vis à vis*, davon abgeleitet auch *paarweise*. Als solches ist *duì* eine wichtige Kategorie in der chinesischen Ästhetik. Ob in Literatur, Baukunst oder bildender Kunst, immer geht es darum, daß jedes kompositorische Element ein komplementäres *vis à vis* findet.

Nr. 92 : Eine Kombination zweier BH: Oben *Dach*, unten *Frau*. Solche Zeichen nennt man *huìyì* (weiteres Beispiel Nr. 74.). Hier also *Frau unterm Dach = Friede*.

Nr. 93 : Ursprgl. Bild eines Menschen mit Federputz 夰 (Wang). In der heutigen Schreibung erkennt man oben *Schaf* 羊 (*yáng*), unten *groß* 大 (*dà*). So „erklärt" denn *Fun With Chinese Characters*: eine reife, große Person mit dem milden, freundlichen Temparament eines Schafes.

Nr. 94 : Ursprgl. Piktogramm eines Hirsches mit prächtigem Geweih. Das Langzeichen (*fántǐzì*) läßt es ahnen.

Nr. 95 : Links BH *Seide* (*sī*), rechts der AH, der nicht als eigenständiges Zeichen, wohl aber in Verbindung mit einer Vielzahl anderer BH existiert. Jedes dieser Zeichen wird dann, wenn auch in unterschiedlichen Tönen, *jing* ausgesprochen. BH *Seide* weist auf die Grundbedeutung von *jing* hin: Kettfaden, Längsfaden, ein Begriff aus der Webtechnik.

Nr. 96 : Links BH *Wasser* (*shuǐ*), rechts AH *qí* (*gleichmäßig*). Grundbedeutung von *jì* ist *über einen Fluß setzen*, so erklärt sich das Radikal. *Jīngjì* als Terminus für *Wirtschaft, Ökonomie* wurde in dieser Zeichenverbindung als *keizai* von den Japanern geprägt.

Nr. 97 : Links BH *Wagen* (*chē*, vgl. Nr. 53), rechts AH *liǎng* (*zwei*, vgl. Nr. 57).

Nr. 98 : Links BH 示 (*shì*), von Chang Tsung-tung als Piktogramm eines Altars gedeutet und immer Hinweis auf den Zusammenhang des Begriffs mit etwas Göttlichem. Rechts AH *fu*, der nicht als eigenständiges Zeichen existiert. Oft sehen Sie Nr. 98 auf chinesischen Schmuckstücken oder – auf rotes Papier geschrieben – an eine Haustür geklebt. Es bezeichnet das spirituelle Glück im Gegensatz zu *fù* 富, dem materiellen Glück bzw. Reichtum.

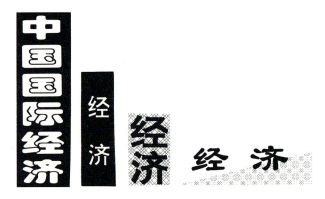

Übungen zu Lektion 8

1. *Hier der Text von Lektion 3 des* Praktischen Lehrbuchs Chinesisch. *Lesen Sie ihn laut, schreiben Sie ihn in Pinyin (und denken dabei wieder an die Töne) und – ausgehend von Ihrer Pinyin-Version – noch einmal in Schriftzeichen:*

a) 王美玉 (yù) 结婚了。她爱人姓张, 叫树 (Shù) 德。他是图书馆馆员。小龙 (lóng) 是他们的儿子。他们住在北京。

b) 史 (Shǐ) 大卫 (wèi) 是王美玉的学生。史 (Shǐ) 先生还没结婚。他爸爸、妈妈住在伦 (Lún) 敦 (dūn)。他有一个哥哥、一个妹妹。

c) A: 你好!

B: 你好!

A: 你贵姓?

B: 我姓贝。你贵姓?

A: 我姓张。你是哪国人?

B: 我是德国人。张先生, 你做什么工作?

A: 我是图书馆馆员。

B: 啊 (À), 你是王老师的爱人!

A: 对。那是我们的儿子小龙 (lóng)。

B: 我认识小龙 (lóng) ... 我有一个女儿。

A: 啊 (À), 你结婚了! 你爱人和孩子在北京吗?

B: 不, 他们在德国。

A: 他们住在哪儿?

B: 他们住在法兰 (lán) 克 (kè) 福。

A: 你的汉语真好!

B: 哪里 (li), 哪里 (li)。

			照	相	想	要	可	以	买	

		zhào	㇓	㇆	日	日	日﹁	日刀	昭	
照		bescheinen spiegeln	昭	照	照					
99.		xiāng xiàng	一	十	才	木	朾	机	相	
相		einander Aussehen	相	相						
100.		xiǎng	相	想	想	想				
想		sich sehnen beabsichti-gen								
101.		yào	一	㇆	冖	襾	襾	西	覀	
要		wollen werden	要	要						
102.		kě	一	口	可					
可		können								
103.		yǐ	㇄	니	以	以				
以		mittels								
104.		mǎi	㇆	㇇	㇈	乬	买	买		買
买		kaufen								
105.										

去 来 看 商 店 喜 欢

去	qù	一	十	土	去	去			
106.	gehen								
来	lái	一	丷	卬	立	平	来	来	來
107.	kommen								
看	kàn	丿	仺	三	手	看			
108.	hinsehen								
商	shāng	丶	亠	六	立	产	产	商	
109.	Handel konferieren	商	商						
店	diàn	丶	亠	广	广	庐	店		
110.	Laden								
喜	xǐ	士	吉	吉	直	直	喜		
111.	Freude sich freuen								
欢	huān	乛	又	刄	䧹	欢	欢		歡
112.	froh								

51

Nr. 99 :   Unten BH *Feuer* (*huǒ*). Als untere Komponente meist mit vier Punkten geschrieben, von denen der erste nach links, die anderen nach rechts gestrichen werden. Der linke Teil der oberen Komponente (*Sonne*, vgl. Nr. 16) bringt seine Bedeutung mit ein, der rechte ist AH *zhào*.

Nr. 100 : Verbindung zweier BH (*huìyì*): links *Baum* (*mù*), rechts *Auge* (*mù*). Ann nennt als ursprgl. Bedeutung: einen Baum (= Holz) mit dem Auge auf seinen Nutzen hin einschätzen.

Nr. 101 : Unten BH *Herz* (*xīn*), oben Nr. 100 als AH. Da Nr. 100 auch *einander, gegenseitig* heißt, bringt es etwas von dieser Bedeutung in Nr. 101 ein.

Nr. 102 : Ursprgl. Bedeutung *Hüfte*, man sieht eine Frau, die ihre Hände auf die Hüften stützt: ⚟ . In seiner heutigen Schreibweise sieht es aus wie die Verbindung zweier BH (*huìyì*): oben *Westen* (vgl. Nr. 178), unten *Frau*. Machen Sie sich einen Reim darauf.

Nr. 103 : Innere Komponente BH *Mund* (*kǒu*), die äußere, ursprgl. 丅 geschrieben, ist Piktogramm eines Axtgriffs.

Nr. 104 : In seiner Grundbedeutung *nehmen*. Ann bietet die phantasievolle Merkhilfe: zwei ballspielende Menschen, in der Mitte der Ball. Er weist aber selber auf den befremdlichen Umstand hin, daß der linke Spieler auf dem Kopf stehe. Wang interpretiert die archaische Form ⿰ als *Bauer benutzt einen Pflug*.

Nr. 105 : Betrachten Sie zunächst das Langzeichen (*fántǐzì*): es besteht aus zwei BH, oben *Netz* (*wǎng*), unten (*Kauri-*)*Muschel* (*bèi*), Hinweis auf die Muschel als Zahlungsmittel. Das Kurzzeichen (*jiǎntǐzì*) weist keinen vergleichbar sinnfälligen BH oder AH auf.

Nr. 106 : Während in der heutigen Schreibung als obere Komponente und BH deutlich *Erde* 土 (*tǔ*) zu erkennen ist, weist Chang Tsung-tung darauf hin, daß es ursprgl. *Mensch* + AH *Mund* ⿱ geschrieben wurde. Dagegen meint *Fun With Chinese Characters* (und das mag als Merkhilfe nützlicher sein), der untere Teil 凵 bezeichne ein leeres Gefäß, der obere den Deckel, so daß mit *qù* zunächst das Entfernen des Deckels von einem Gefäß gemeint gewesen sei.

Nr. 107 : Das Zeichen wurde auf dem Weg der phonetischen (lautlichen) Entlehnung gebildet, d.h. es war zunächst Piktogramm für *Getreide*, was man dem Langzeichen (*fántǐzì*) mit einiger Phantasie ansehen mag, später wurde das homophone *kommen* mit diesem Zeichen geschrieben. Schreiben Sie dieses wichtige Zeichen besonders oft, damit Sie sich die überraschende Strichfolge einprägen.

Nr. 108 : Zwei BH (*huìyì*): Oben *Hand* (*shǒu*), unten *Auge* (*mù*), mit anderen Worten: mit der Hand das Auge vor einfallendem Sonnenlicht schützend Ausschau halten. Merke: *kàn* ist <u>nicht</u> *sehen/to see*, sondern *hinsehen/to look*!

Nr. 109 : Einige moderne Wörterbücher ordnen Nr. 109 unter dem Radikal 宀 ein. Traditionell sieht man in *Mund* (*kǒu*) den BH. Das macht Sinn, wenn man bedenkt, daß *shàng* auch *erörtern* bedeuten kann.

Nr. 110 : Außen BH *Überdachung* (*yǎn*) 广, innen AH *zhān* (*wahrsagen*).

Nr. 111 : In modernen Wörterbüchern wird Nr. 111 manchmal dem Radikal 士 *shì* (*Gelehrter*, vgl. Nr. 40) als der obersten Komponente des Zeichens zugeordnet. Traditionell wird es dem BH *Mund* 口 zugeordnet; durch den Mund drückt sich die *Freude* aus. Die obere Komponente 吉 *jí* (*glückverheißend*) ist AH, steuert aber etwas von ihrer Bedeutung zu dem Zeichen bei. *Fun With Chinese Characters* sieht in Nr. 111 eine Kombination zweier BH: 豆 stelle eine Art Pauke dar und stehe hier für *Musik*, der Mund darunter für *Gesang*.

Nr. 112 : Rechts BH *gähnen* (*qiàn*), links AH *huán*.

52

Übungen zu Lektion 9

1. a) 吗, 和, 叫, 名, 员, 结, 识, 语, 哥, 可, 商, 店, 喜

   In allen 13 Zeichen ist „Mund" 口 enthalten, nach Langenscheidts Handwörterbuch Chinesisch
   allerdings nur noch in vier von ihnen als Radikal:

   吗, 可, 哥, 员

   Nach der traditionellen Zuordnung wäre „Mund" auch in folgenden Zeichen Radikal:

   和, 名, 商, 喜

   Überlegen Sie, wie jedes dieser Zeichen ausgesprochen wird, ob Sie es in Zusammensetzungen
   kennengelernt haben und in welchen.

   b) 女, 她, 婚, 好, 妈, 姓, 妹, 要

   Bis auf 要 ist „Frau" 女 in jedem der acht Zeichen Radikal. Aufgabenstellung wie oben.

   c) 法, 没, 汉, 济

   In jedem dieser vier Zeichen ist „Wasser" 氵 das Radikal. Aufgabe wie oben.

2. *Ordnen Sie die Zeichen zu Sätzen:*

   a) (的), 北, 学, 语, 要, 我, 子, 孩, 去, 京, 习, 汉
   b) 去, 书, 店, 你, 个, 想, 买, 商, 哪
   c) 贝, 生, 看, 吗, 先, 要, 我, 来
   d) 照, 他, 欢, 相, 真, 喜
   e) 照, 可, 以, 相, 吗, 儿, 这

3. *Unterscheiden Sie:*

   a) 儿, 几, 九
      他有几个儿子？ 九个。 真的吗？

   b) 了, 子, 字： 王老师的孩子学了六十九个汉字。

4. *Welche der folgenden Zeichen bzw. Wörter sind Gegensatzpaare?*

1) 大	2) 来	3) 儿子	4) 女士	5) 妈	6) 妹	7) 有
a) 女儿	b) 先生	c) 去	d) 没有	e) 哥	f) 小	g) 爸

| | | 上 | 下 | 午 | 今 | 明 | 天 | 晚 | |

		shàng	丨	卜	上					
113.	上	oben besteigen								
114.	下	xià	一	丁	下					
		unten unter hinabsteigen								
115.	午	wǔ	丿	一	𠂉	午				
		Mittag								
116.	今	jīn	丿	人	今	今				
		gegenwärtig								
117.	明	míng	丨	冂	月	日	日	明	明	
		hell	明							
118.	天	tiān	一	二	𠂇	天				
		Himmel								
119.	晚	wǎn	日	日	昒	昒	昒	晚	晚	
		Abend spät	晚	晚						

家空时候喝咖啡									

家	jiā	宀	宀	宁	宁	宛	家	家	
	Familie Heim	家							
120.									
空	kōng kòng	宀	宀	穴	空	空	空		
	Himmel leer freie Zeit								
121.									
时	shí	日	日	时	时				時
	Zeit								
122.									
候	hòu	亻	亻	亻	亻	侯	侯	侯	
	warten (in Verbindung mit 122) Zeit	候	候						
123.									
喝	hē	口	吅	吅	唱	喝	喝	喝	
	trinken								
124.									
咖	kā	口	叮	叻	咖				
	(in Verbindung mit 126) Kaffee								
125.									
啡	fēi	口	叮	咁	咞	啡			
	(in Verbindung mit 125) Kaffee								
126.									

家
空
时
候
喝
咖
啡

55

Nr. 113 : Ursprgl. ⸛ , d.h. ein Strich über einer Grundlinie als Hinweis auf *oben, über*.

Nr. 114 : In Analogie zu Nr. 113 ursprgl. ⸗ geschrieben.

Nr. 115 : In der Grundbedeutung bezeichnet *wǔ* die 7. der zwölf Doppelstunden, in die sich im Alten China der Tag aufteilte, d.h. die Zeit von 11-13 Uhr.

Nr. 116 : Auf den Knocheninschriften 𐐘 geschrieben, soll *jīn* (Wang) Umriß einer Glocke gewesen sein, der untere waagerechte Strich bezeichnete den Klöppel. Im Wörterbuch dem Radikal *Mensch* 人 zugeordnet.

Nr. 117 : Kombination zweier BH (*huìyì*), wobei wir uns an die populäre (wissenschaftlich umstrittene) Erklärung halten: links BH *Sonne*, rechts BH *Mond*. Sonne + Mond = hell.

Nr. 118 : Die Knocheninschrift zeigt einen Mann, die Zeichnung betont seinen Kopf. So weist Chang Tsung-tung darauf hin, daß der Archetyp des Zeichens, nämlich 𡗗 zunächst *Kopf* bedeute. *Fun With Chinese Characters* sagt: ein Mensch mit ausgebreiteten Armen, darüber noch ein Strich als Hinweis auf den Himmel. Populär auch die Erklärung, zwischen der oberen Waagerechten, die den Himmel bezeichne und der unteren, die die Erde symbolisiere, stehe verbindend der Mensch 人.

Nr. 119 : Links BH *Sonne* (*rì*), rechts AH *miǎn* (*vermeiden, dispensieren*). Dazu bietet Ann die Eselsbrücke: Abend = die Zeit, da man von der sengenden Sonne befreit ist.

Nr. 120 : Unter dem BH *Dach* (vgl. Nr. 92) zu unserer Überraschung BH *Schwein* 豕, gemeinhin als Hinweis darauf erklärt, daß das Schwein mit dem Menschen unter einem Dach lebte. Nach Chang Tsung-tung ist das Schwein (genauer: Eber) aber lediglich AH.

Nr. 121 : Oben BH *Höhle* (*xué*), unten AH *gōng* (*arbeiten*, vgl. Nr. 65). Reizvolle Vorstellung: die Welt als Höhle mit dem Himmel als Gewölbe darüber. Beachten Sie den Unterschied zwischen den beiden Radikalen *Höhle* 穴 und *Dach* 宀.

Nr. 122 : Im Langzeichen (*fántǐzì*) klare Aufteilung: links BH *Sonne* (*rì*), rechts AH *sì* (*Tempel*). Im Kurzzeichen (*jiǎntǐzì*) kein AH, statt *Tempel* dort *Zoll* (*cùn*, vgl. Nr. 91).

Nr. 123 : Links BH *Mensch*, rechte Komponente ist AH, der als eigenständiges Zeichen nicht existiert. Beachten Sie den 3. Strich: Durch ihn unterscheidet sich Nr. 123 von 侯 *hóu* (*Fürst*).

Nr. 124 : Links BH *Mund*, rechts – kein eigenständiges Zeichen – der AH. Schreiben Sie dieses Zeichen wegen seiner überraschenden Strichfolge möglichst oft.

Nr. 125/
126 : Beide Zeichen werden nicht selbständig gebraucht, sondern nur in Verbindung miteinander. Es handelt sich dabei um den Versuch, den fremden Laut *Kaffee* aus chinesischen Zeichen klingen zu lassen. In beiden Zeichen ist *Mund* BH, die rechte Komponente – *jiā* bzw. *fēi* – AH.

Übungen zu Lektion 10

1. *Lesen Sie laut, transkribieren Sie in Pinyin und schreiben Sie, mit Blick auf Ihre Pinyin-Fassung, noch einmal in* Hànzì *(Schriftzeichen)*:

   a) 你明天晚上有空吗?

   　 没有空, 我要去看王先生。

   b) 你今天下午要做什么?

   　 我想去北京书店买书。

   c) 我想去看贝老师。 她什么时候有空?

   　 她今天不在家, 你可以明天去。

2. *„Es könnte eng werden", denkt* Zhàomíng, *der Sohn von* Luó Lǎoshī. *Und der Schweiß bricht ihm bei der Vorstellung aus. Warum?*

57

太 客 气 百 货 拿 课

太 **127.**	tài / zu sehr allzu	一	ナ	大	太			
客 **128.**	kè / Gast Fremder	宀	宀	宀	宓	客		
气 **129.**	qì / Gas Luft	ノ	一	气	气			氣
百 **130.**	bǎi / 100	一	丆	丆	百	百	百	
货 **131.**	huò / Ware	亻	亻	化	化	伫	货	货	货
拿 **132.**	ná / nehmen	人	合	合	合	拿	拿	拿	
课 **133.**	kè / Unterricht	丶	讠	订	订	评	逆	课	
		评	课	课					

58

友	谊	谢	龙	史

友	yǒu	一	ナ	方	友					
134.	Freund									
谊	yì	讠	讠	讠	讠	诣	诣	谊	誼	
135.	Freund-schaft									
谢	xiè	讠	讠	讠	讠	讠	诮	诮	謝	
136.	danken (Name)	诮	谢	谢						
龙	lóng	一	ナ	尢	龙	龙				龍
137.	Drache (Name)									
史	shǐ	丶	口	口	史	史				
138.	Geschichte (Name)									

日 本 客 人

美国客人

59

Nr. 127 : Der Punkt (ursprgl. ein Strich 大) unterstreicht gewissermaßen das *groß* von *dà* 大.

Nr. 128 : Oben BH *Dach* (vgl. Nr. 92, 120), unten AH *gè* (*jeder, verschieden*).

Nr. 129 : In der heutigen Schreibung nicht mehr erkennbar, daß Nr. 129 ursprgl. aus zwei BH, nämlich *Sonne* und *Feuer*, bestand 氣 und auf den unter Sonneneinstrahlung aufsteigenden *Wasserdampf* verwies. Das Kurzzeichen (*jiǎntǐzì*) verzichtet überdies auf die Komponente *mǐ* 米 (*Reis*) und damit auf den AH, so daß die von *Fun With Chinese Characters* gezimmerte Eselsbrücke, *qì* sei der Dampf, der beim Reiskochen aufsteigt, nicht mehr trägt.

Nr. 130 : Ursprgl. Piktogramm eines Daumens 白 , wurde es auf dem Weg der phonetischen Entlehnung auch für *weiß* (*bái*) und *hundert* (*bǎi*) verwendet. Um *weiß* und *hundert* unterscheiden zu können, wurde der *hundert* eine *eins* als waagerechter Strich hinzugefügt (Wee).

Nr. 131 : Unten BH *Muschel* (*bèi*, vgl. Nr. 83), oben AH *huà* (*verändern*). Bedenken Sie, wie sehr sich etwas verändert, wenn es zur Ware wird.

Nr. 132 : Unten BH *Hand* (*shǒu*), oben BH (nicht Radikal!) *verbinden* (*hé*). Die Hand verbindet sich, um zu nehmen, mit einem Objekt.

Nr. 133 : Links BH *sprechen* (*yán*), rechts AH *guǒ* (*Frucht*). Eine Lektion = Worte, die Frucht tragen sollen.

Nr. 134 : Ursprgl. zwei rechte Hände, die nacheinander reichen: 竹 .

Nr. 135 : Links BH *sprechen* (*yán*), rechts AH *yí* (*schicklich*).

Nr. 136 : Links BH *sprechen* (*yán*), rechts AH *shè* (*schießen*). Der AH besteht aus den Komponenten *shen* 身 (*Körper*) und *cùn* 寸 (*Zoll*).

Nr. 137 : Anders als bei uns, erweckt der *Drache* in China positive Assoziationen wie *kaiserlich* oder *regenspendend*. Selber Radikal. Ursprgl. ein Piktogramm 龍 , entbehrt das Kurzzeichen (*jiǎntǐzì*) jeder Sinnfälligkeit.

Nr. 138 : Ursprgl. eine rechte Hand, die ein Schreibwerkzeug hält: 筆 .

Übungen zu Lektion 11

1. *Nachdem Sie nun fast 140 Zeichen gelernt haben, können Sie die ersten vier Lektionen des* Praktischen Lehrbuchs Chinesisch *weitgehend in Zeichen schreiben und lesen. Lesen Sie Lektion 4 laut, fertigen Sie eine Pinyin-Version an und schreiben Sie sie dann noch einmal, von Ihrer Pinyin-Fassung ausgehend, in Zeichen:*

   a) 贝安丽喜欢照相。她没有胶 (jiāo) 卷 (juàn) 了。她今天没有课。她要去买两卷胶卷。

   b) 史大卫 (wèi) 喜欢喝咖啡。他没咖啡了。今天他没空。他想明天去友谊商店买咖啡。

   c) A: 安丽, 你去哪儿?

   B: 我没胶卷了。我要去买胶卷。

   A: 你去友谊商店买吗?

   B: 不, 我去百货商店买。你需 (xū) 要什么?

   A: 我没有咖啡了。

   B: 我有咖啡。你要一些 (xiē) 吗?

A: 好。我可以今天晚上来拿吗?

B: 可以。今天晚上我在家。

A: 太好了。谢谢。

B: 不客气。

d) A: 妈妈,我需 (xū) 要一支 (zhī) 钢 (gāng) 笔 (bǐ)。我们下午可以去买吗?

B: 今天下午我没空。史先生要来我们家。

A: 他来做什么?

B: 他来看我们。

A: 我们什么时候去买钢 (gāng) 笔 (bǐ)?

B: 我们明天上午去。

A: 好。

2. *Welches Radikal ließe sich diesen sechs Zeichen als linke Komponente hinzufügen? Wie lesen sich die Zeichen dann und was bedeuten sie? Mit welchen Zeichen ließen sie sich zu Wörtern verbinden?*

射, 人, 吾, 果, 只, 宜

3. *Diese vier Zeichen weisen alle „Dach" als obere Komponente und (nach* Langenscheidts Handwörterbuch Chinesisch*) Radikal auf (während traditionell* 子 *als Radikal von* 字 *betrachtet wird). Welche dieser vier Zeichen werden im 1. Ton, welche im 4. Ton gelesen?*

安, 字, 客, 家

妈妈,他们在看什么呀 (ya)?

| 岁 | 点 | 半 | 刻 | 分 | 差 | 多 |

		suì	㇀	山	山	屮	岁	岁		歲
139.	岁	Lebensjahr								
	点	diǎn	丶	卜	占	占	点	点		點
140.		Punkt, Tropfen anzünden								
	半	bàn	㇀	ㄑㄧ	半	半	半			
141.		Hälfte								
	刻	kè	丶	亠	亠	亥	亥	刻		
142.		schnitzen viertel	刻							
	分	fēn	丿	八	分	分				
143.		teilen Teil Minute								
	差	chā chà	丶	丷	丷	兰	兰	羊	差	
144.		Unterschied fehlen	差	差						
	多	duō	㇀	ㄅ	夕	多				
145.		viel(e)								

Lektion 12

62

见	现	面	朋	弟	姐

		jiàn	丨	冂	贝	见				見
见 146.		wahr-nehmen								
现 147.		xiàn	一	二	王	现				現
		gegenwärtig								
面 148.		miàn	一	丆	丆	丙	而	而	面	
		Oberfläche Gesicht Nudeln	面	面						
朋 149.		péng	丿	刀	月	月	朋			
		Freund								
弟 150.		dì	丶	丷	丷	弟	弟	弟	弟	
		(jüngerer) Bruder								
姐 151.		jiě	く	女	女	如	如	姐	姐	
		(ältere) Schwester	姐							

朋 友  朋 友

63

Nr. 139 : Obere Komponente des Kurzzeichens (*jiǎntǐzì*) ist *Berg* (*shān*, vgl. Nr. 346), untere *Abendsonne* (*xī*, vgl. Nr. 45). Denken Sie daran, *suì* nur für das Alter zu benutzen und es nicht mit *nián* (vgl. Nr. 247) zu verwechseln.

Nr. 140 : BH des Langzeichens (*fántǐzì*) ist *schwarz* 黑 (*hēi*). Laut Ann ist *diǎn* ursprgl. der schwarze Punkt auf dem beim Wahrsagen erhitzten Schildkrötenpanzer. Er sieht in *zhān* 占 (*wahrsagen*) auch einen BH, während diese Komponente von anderen (Wilder) lediglich als AH interpretiert wird. Im Kurzzeichen (*jiǎntǐzì*) ist das *Feuer* mit seinen vier Punkten (vgl. Nr. 99) als BH unter *zhān* plaziert.

Nr. 141 : Die Schreibung leitet sich angeblich von *bā* 八 (*acht, teilen*) und *niú* 牛 (*Rind*) her: Der Schlachter zerteilt das Rind in zwei Hälften. Während handschriftlich die ersten beiden Striche nach innen geführt werden, erscheinen sie in der Druckschrift nach außen gerichtet: 半 / 半.

Nr. 142 : Rechts BH *Messer* 刂 (*dāo*), links AH *hài*. Verbale Bedeutung von Nr. 142 ist *schnitzen*, was verständlich macht, warum *Messer* BH ist.

Nr. 143 : Oben BH *acht, teilen*, unten BH *Messer* (*dāo*). Die Grundbedeutung von *fēn* ist *teilen*. Das Radikal *Messer* wird als rechte Komponente 刂, als untere 刀 geschrieben. Achten Sie darauf, daß der 2. Strich nicht den ersten durchschneidet, also 刀 und nicht 力. Letzteres bedeutet *Kraft* (*lì*).

Nr. 144 : Traditionell gilt *Arbeit* 工 (*gōng*) als Radikal, auch wenn das etymologisch nicht gerechtfertigt ist. Liest man Nr. 144 *chāi*, bedeutet es *jemanden mit einem Auftrag wegschicken* bzw. *Amt, Posten*.

Nr. 145 : Auf den ersten Blick: zweimal Abendsonne (*xī*, vgl. Nr. 45, 139). So schreibt dann auch *Fun With Chinese Characters*, aus *viele Abende* sei *viel* geworden; sicher nicht sehr überzeugend. Aus den Orakelknocheninschriften läßt sich schließen, daß *duō* in der Grundbedeutung *angehäufte Stücke Opferfleisches* waren.

Nr. 146 : Im Langzeichen (*fántǐzì*) ist als obere Komponente *Auge* 目 (*mù*) zu erkennen. Zusammen mit der unteren möchte man spontan *Stielaugen* assoziieren. In seiner ältesten Form ꙮ geschrieben, zeigt es einen Menschen mit großem Auge. *Jiàn* ist selber Radikal.

Nr. 147 : Rechts AH *jiàn* (vgl. Nr. 146), links BH *Jade* 玉 (*yù*) als ein durchscheinender Stein, was sich mit der verbalen Bedeutung von Nr. 147 *erscheinen, offenbar werden* in Zusammenhang bringen läßt. Das 玉 (*yù*) stellt drei auf eine Schnur gefädelte Jadestücke dar. Der Punkt (*diǎn*) wurde ergänzt, um das Zeichen von *wáng* 王 (*König*, vgl. Nr. 37) zu unterscheiden.

Nr. 148 : Selber Radikal. Ursprgl. Bild einer *Nase* (als auffälligstem Teil des Gesichts) und dem Umriß eines Gesichts: 自 .

Nr. 149 : Traditionell unterscheidet man die Radikale *Mond* 月 (*yuè*) und *Fleisch* 月 (*ròu*), einige moderne Wörterbücher aus der VR China fassen beide unter *Mond* zusammen. Es handelt sich bei Nr. 149 aber nicht um zwei Monde, eher um zweimal Fleisch, das aneinander rückt. Nach Wee geht die Schreibung 朋 allerdings auf ein Mißverständnis zurück: ursprgl., so sagt er, schrieb man 賏 , womit ein Halsschmuck aus Kaurimuscheln gemeint sei. Als erweiterte Bedeutung dann → *umschließen* → *helfen* → *Freund*.

Nr. 150 : Traditionell wird *Bogen* 弓 (*gōng*) als Radikal des Zeichens betrachtet. *Langenscheidts Handwörterbuch Chinesisch* ordnet Nr. 150 unter ㇇ ein.

Nr. 151 : Links BH *Frau* (*nǚ*), rechts AH *qiě* (*überdies*).

Übungen zu Lektion 12

1. *Ordnen Sie die folgenden Begriffe den Personen auf dem Familienbild zu:*

弟弟
妈妈
姐姐
爸爸
妹妹
哥哥

2. *Ergänzen Sie an den freien Stellen jeweils das ausgesparte Zeichen:*

a) 王小龙二十六 _____ ,还 _____ 有 _____ 婚。

b) 他 _____ 我的好 _____ 友。

c) 现 _____ 几点? 现 _____ 五 _____ 半,我们去友谊商 _____ 买咖啡,好吗?

d) 我们九点差一 _____ 上课。

e) 火 _____ 站 _____ 哪儿?

f) 她今天下 _____ 没有 _____ ,她要去百货 _____ 店工作。

g) 你想喝 _____ 么?

h) 张美丽 _____ 习什么? 她 _____ 习 _____ 济和法 _____ 。

i) 我 _____ 可 _____ 在哪 _____ 见 _____ ?

j) 他和他妹妹 _____ 在北京。 两 _____ 人在北京的一家 _____ 货商店工作。

3. *Jeder der mit Zahlen durchnumerierten Satzanfänge läßt sich auf zweierlei Weise zu einem Satz vervollständigen:*

	a) 北京
	b) 英文书
1) 在哪儿可以	c) 喝咖啡
2) 她不是	d) 你姐姐吗
3) 爸爸妈妈住在	e) 图书馆的书
4) 我朋友真爱看	f) 学习经济
	g) 王老师
	h) 我们家

火	站	到	接	台	电	影

<table>
<tr><td rowspan="2">火</td><td>huǒ</td><td>丶</td><td>ﾉ</td><td>ﾉﾞ</td><td>火</td><td></td><td></td><td></td></tr>
<tr><td>Feuer</td><td></td><td></td><td></td><td></td><td></td><td></td><td></td></tr>
</table>

152.

站	zhàn	丶	亠	方	立	刘	立丶	
	stehen Haltestelle	站						

153.

到	dào	一	厶	厶	至	至	至	到
	ankommen	到						

154.

接	jiē	一	十	扌	扩	扩	护	拉
	erhalten empfangen	接						

155.

台	tái	㇄	厶	台				臺
	Plattform							

156.

电	diàn	丨	冂	日	日	电		電
	Elektrizität							

157.

影	yǐng	丨	冂	日	日	旦	旦	昌
	Schatten	景	影	影				

158.

Lektion 13

再　起　津　星　期

再	zài	一	厂	万	丙	再	再		
159.	wieder								
起	qǐ	一	十	土	丰	走	走	走	
160.	aufstehen	起	起	起					
津	jīn	氵	氵	沪	沪	津	津	津	
161.	Furt								
星	xīng	冂	冂	日	尸	昆	星	星	
162.	Stern	星							
期	qī	一	十	廿	甘	其	其	其	
163.	Frist	期							

Lektion 13

Nr. 152: Selber Radikal, Piktogramm einer hochschlagenden Flamme. Als linke Komponente eines Zeichens 彐 geschrieben.

Nr. 153: Links BH *stehen* (*lì*), rechts AH *zhān* (vgl. Nr. 140).

Nr. 154: Links BH *ankommen* (*zhì*), rechts AH *dāo* (vgl. Nr. 143). *Dāo*, hier ausnahmsweise AH, ist in anderen Zeichen durchweg BH. Erstaunlicherweise wird Nr. 154 traditionell dem Radikal *dāo* zugeordnet, obwohl es ein Radikal *zhì* gibt und *zhì* klar auf die Bedeutung des Zeichens hinweist. *Zhì* stellt ursprgl. einen Pfeil dar, der in die Erde einschlägt: 𢔟 .

Nr. 155: Links BH *Hand* (*shǒu*), rechts AH *qiè* (*Konkubine*). Der AH besteht in seiner heutigen Schreibweise aus (oben) *stehen* (vgl. Nr. 153) und (unten) *Frau*, in seiner archaischen Form aus den Komponenten *Verbrechen gegen einen Höherstehenden* und *Frau*. Er wies so auf das

67

Los der Töchter von Straffälligen hin. Als linke Komponente eines Zeichens wird *Hand* nicht 手, sondern 扌 geschrieben, zählt also einen Strich weniger!

Nr. 156 : In der Kurzform erkennen Sie unten *Mund*, oben eine aus Nr. 44 vertraute Strichkombination, die allein nicht existiert. Im Langzeichen (*fántǐzì*) oben *jí* (vgl. Nr. 111), unten *zhì* (vgl. Nr. 154).

Nr. 157 : In der Grundbedeutung *Blitz*, was die erweiterte Bedeutung *Elektrizität* verständlich macht. Das Langzeichen (*fántǐzì*) hat als obere Komponente *Regen* 雨 (*yǔ*) als BH und Radikal für Wetterphänomene.

Nr. 158 : Rechts BH *Federschmuck*, links AH *jǐng* (*Anblick, Landschaft*).

Nr. 160 : Links BH *gehen* (*zǒu*), rechts AH *jǐ* (*selber*). Beide Komponenten existieren als Radikale.

Nr. 162 : *Sonne* über dem Zeichen für *wachsen* (*shēng*). Sicher bringt *shēng* seine Aussprache in das Zeichen ein. Nach Wilder zeigt die älteste Schreibung drei Sonnen: 𣊬 .

Nr. 163 : Rechts BH *Mond* (*yuè*), links AH *qí* (*sein, dieser*).

Übungen zu Lektion 13

1. *Suchen Sie für jedes Verb ein passendes Objekt:*

a) 看 b) 接 c) 爱 d) 喝 e) 有 f) 在 g) 去 h) 学 i) 做

1) 孩子 2) 家 3) 电影 4) 德国 5) 什么 6) 朋友 7) 咖啡 8) 空 9) 法文

2. *Erkennen Sie die übereinstimmenden Bestandteile. Lesen Sie die Zeichen laut:*

a) 四, 图, 国 (Einfriedung)

b) 们, 你, 做, 住, 他, 人, 什, 作, 候 (Mensch)

c) 姐, 要, 妹, 姓, 妈, 好, 婚, 她, 接 (Frau)

d) 日, 是, 婚, 照, 明, 晚, 时, 星, 影 (Sonne)

e) 台, 点, 站, 客, 拿, 咖, 啡, 喝, 喜, 店, 商, 可, 哥, 照, 福, 哪, 语, 识, 吗, 叫, 名, 京, 员, 结 (Mund)

f) 安, 客, 字, 家, 谊 (Dach)

g) 刻, 到 (Messer)

h) 点, 照 (Feuer)

i) 津, 汉, 没, 济 (Wasser)

j) 大, 太, 美 (groß)

k) 行, 德 (spazieren)

l) 相, 想, 看 (Auge)

3. *Lesen Sie den Text von Lektion 5 des* Praktischen Lehrbuchs Chinesisch, *fertigen Sie eine Pinyin-Version an und schreiben Sie, ausgehend von ihr, die Lektion noch einmal in Zeichen:*

a) 这是谁 (shéi)？这是王老师的弟弟。他叫王松 (Sōng) 青 (qīng)。松 (Sōng) 青 (qīng) 二十九岁, 还没结婚。他是记 (jì) 者 (zhě), 现在住在天津。松 (Sōng) 青 (qīng) 今天来北京看他姐姐。王老师上午十点三刻要去火车站接他。

b) A: 安丽, 安丽！

B: 啊 (À), 王老师！你好！

A: 你好！你来火车站做什么？

B: 来接一个朋友, 你呢？

A: 我来接我弟弟。

B: 你有一个弟弟啊 (a)！他多大？

A: 他二十九岁。对不起, 现在几点？

B: 现在十一点差四分。你弟弟的火车几点到？

A: 十一点五分。对不起, 我现在得 (děi) 去站台。我们明天见面！

B: 明天？明天星期几？

A: 明天星期六。我们要去看电影啊 (a)！

4. *Silbenrätsel*

a) Wo man 1000 Dinge kaufen kann b) Abschiedsgruß c) Ich verstehe nur ... d) „Elektrische Schatten", Welt der Sterne und der Sternchen e) sich höflich wie ein Fremder, wie ein Gast benehmend f) schwarz-braunes Aufputschmittel g) siebentägige „Sternenfrist" h) Großstadt am Wasser, gut 100 km von Peking i) Braucht man, besonders in der Not j) muß ja nicht gleich 爱 sein k) Er geht in die ..., nicht um ein Bier zu trinken l) Volkssport, von Grafen mit Apparaten betrieben.

火, 朋, 再, 期, 站, 喜, 啡, 津, 照,
济, 天, 车, 欢, 百, 店, 影, 友, 货, 客,
咖, 电, 星, 见, 经, 相, 商, 气。

| 也 才 川 菜 吃 饭 很 |

164.	也	yě / auch	フ	也	也					
165.	才	cái / Talent erst	一	十	才					
166.	川	chuān / Fluß	)	川	川					
167.	菜	cài / Gemüse Speise	一 十 芷	十 芏	艹 菜	艹	芒	芯	苂	
168.	吃	chī / essen	ロ	ロ'	ロ	吃				
169.	饭	fàn / gekochter Reis Mahlzeit	'	⁄	乞	饣	饤	饭	饭	飯
170.	很	hěn / sehr	彳	彳	彳	彳	很	很	很	

70

忙 特 别 知 道

171. 忙	máng	丿	丷	小	忄	忙	忙	
	beschäftigt sein							
172. 特	tè	丿	仁	牛	牛	牛	牛	牜
	besonders	牜	特	特				
173. 别	bié	口	号	另	别	别		
	verlassen anders							
174. 知	zhī	丿	仁	上	矢	矢	知	
	wissen							
175. 道	dào	丶	丷	丷	丷	产	首	首
	Weg	首	首	首	道	道		

Nr. 164 : Ursprgl. ♉ , Piktogramm eines Trinkhorns oder Trichters. Phonetische Entlehnung für *auch*. Zur Schreibung vgl. Nr. 21.

Nr. 165 : Auf Orakelknochen 屮 geschrieben, ist es nach Wee Zeichen für eine Pflanze, die sich ihren Weg aus dem Erdreich bahnt. Verwechseln Sie *cái* 才 nicht mit 扌 *Hand* (*shǒu*) als linker Komponente eines Zeichens (vgl. Nr. 155).

Nr. 166 : Selber Radikal. Piktogramm eines Flusses.

Nr. 167 : Oben BH *Gras* 艹 (*cǎo*), unten AH *cǎi* (*pflücken*). Der AH unterteilt sich in die Komponenten *zhǎo* 爪 (*Klaue*) und *mù* 木 (*Baum*).

Nr. 168 : Links BH *Mund* (*kǒu*), rechts AH *qǐ* (*betteln*). Merkhilfe: Wenn der Mund zu betteln beginnt, will er essen.

Nr. 169: Links BH *essen, Speise* (*shí*), rechts AH *fān* (*umwenden*). Das Zeichen findet sich noch nicht in den Orakelknochen- oder Bronzeinschriften.

Nr. 170: Links BH *kleiner Schritt* (*chì*), rechts AH *gèn* (*unbeugsam*). Das Radikal nennt man *shuāng rén páng* und grenzt es gegen 亻 *rén zì páng* ab.

Nr. 171: Links BH *Herz* (*xīn*), rechts AH *wáng* (*sterben*). *Máng* ist nicht nur *beschäftigt sein, zu tun haben*, sondern auch *gestreßt sein*. So bringt der AH auch etwas von seiner Bedeutung in das Zeichen ein, mag uns an die Verbindung zwischen stetem Streß und Herzinfarkt erinnern. Als linke Komponente wird *Herz* 忄 geschrieben, als untere oder mittlere (vgl. Nr. 82) 心. Ebenso wichtig wie *máng* ist das Zeichen *wàng* 忘, das also aus denselben Komponenten zusammengesetzt ist und *vergessen* bedeutet: das, was im Herzen bereits gestorben ist.

Nr. 172: Links BH *Rind* (*niú*), rechts AH *sì* (*Tempel*, vgl. Nr. 122), nach Wilder spielt das auf die *besonderen*, als Opfertiere geeigneten Rinder an. *Rind* wird allein oder als untere Komponente 牛 geschrieben, als linke Komponente 牜. Verwechseln Sie letztere Schreibung nicht mit 扌 *Hand* (vgl. Nr. 155).

Nr. 173: Rechts BH *Messer* (*dāo*), links ursprgl. ein ausgerenkter Knochen; daraus wurde das Zeichen 另 *lìng*, das hier auch seine Bedeutung *separat, gesondert* einbringt. Sie erkennen im linken Teil die Komponenten *Mund* und *Kraft* 力 (*lì*).

Nr. 174: Zwei BH (*huìyì*), links das Piktogramm eines *Pfeils* (*shǐ*), archaisch 大 geschrieben, rechts *Mund* (*kǒu*). Merkhilfe: Der Wissende trifft mit seinem Munde wie mit einem Pfeil.

Nr. 175: Zwei BH (*huìyì*), unten *gehen* (vgl. Nr. 35), oben *Haupt* (*shǒu*). *Shǒu*, archaisch 首 = ein Kopf mit drei Haaren. *Dào*, der *Weg*, der zentrale Begriff in der danach benannten philosophischen Richtung des *Daoismus*: der Lehre von dem Weg, den Kopf und Fuß gemeinsam gehen.

Übungen zu Lektion 14

1. *Erkennen Sie die Adverbien:*

    a) 我很喜欢吃法国菜。

    b) 王先生不喜欢吃法国菜。

    c) 贝女士也不喜欢吃法国菜。

    d) 张老师特别不喜欢吃法国菜。

    e) 我知道,你爸爸也很喜欢吃法国菜。

    f) 他的日本朋友还不喜欢吃法国菜。

2. *Ordnen Sie die Zeichen zu Sätzen:*

    a) 课,我,两,上,今,午,半,点,天,才,下

    b) 们,点,饭,几,你,吃

    c) 知,忙,她,我,道,天,很,明

    d) 哥,妈,哥,妈,我,喜,别,欢,特

    e) 中,吃,我,菜,午,们,想,川,去

    f) 影,我,有,的,电,个,去,这,空,候,要,时,看,国,英

    g) 津,有,商,天,吗,也,谊,店,友

h) 客, 他, 们, 气, 真
i) 起, 家, 上, 不, 不, 对, 我, 在, 晚
j) 王, 教, 师, 济, 老, 德, 经, 和, 文

3. *Lesen Sie in traditioneller Manier von oben nach unten und auf moderne Weise von links nach rechts:*

日本
德文
法国
英文
中国
文

条	街	西	东	市	场	最

	tiáo	丿	夂	夂	冬	条	条	条	條
条 Zweig Zähleinheitswort									
街 jiē	彳	彳	彳	往	往	往	往		
Straße	街	街	街						
西 xī	一	冂	襾	西	西	西			
Westen									
东 dōng	一	太	车	东	东				東
Osten									
市 shì	丶	亠	宀	市	市				
Markt Stadt									
场 chǎng	土	圬	场	场					場
Platz									
最 zuì	日	旦	昌	是	最	最	最		
zur Formulierung des Superlativs	最	最							

便 宜 鞋 关 糸 能 双								

便 宜 鞋 关 糸 能 双	biàn pián	亻	仁	仃	佰	佰	佰	便	
	bequem billig	便							
	yí	、	宀	宀	宀	宀	宜	宜	
	passend								
	xié	一	艹	廿	苩	革	鞋	鞋	
	Schuh								
	guān	、	丷	丷	兰	关	关		關
	Bergpaß schließen (Name)								
	xì jì	丿	纟	纟	幺	幺	糸	糸	係
	System binden	糸							
	néng	厶	厶	匕	肻	肻	肻	能	
	können	能							
	shuāng	乛	又	双	双				雙
	beide Paar								

183.
184.
185.
186.
187.
188.
189.

75

Nr. 176 : BH (im Kurzzeichen (*jiǎntǐzì*) deutlicher als im Langzeichen (*fántǐzì*)) ist *Baum* 木 (*mù*). Nr. 176 ist ZEW für viele langgestreckte, schmale Dinge wie z.B. Straße, Fisch, Gürtel.

Nr. 177 : BH sind linke + rechte Komponente: Radikal *gehen* 行 (*xíng*), vgl. Nr. 52. Dessen linker Teil bedeutet *mit links ausschreiten*, der rechte *mit rechts ausschreiten*; in dem AH dazwischen erkennen Sie zweimal *Erde* 土 (*tǔ*) übereinandergetürmt zum Zeichen *guī* 圭 (*Lehen, Szepter*). Einige moderne Wörterbücher kennen das Radikal *xíng* nicht mehr und ordnen Nr. 177 unter der linken Komponente 彳 ein.

Nr. 178 : Selber Radikal. Chang Tsung-tung sieht in der archaischen Form des Zeichens einen *Tragekorb*. Auf dem Wege der phonetischen Entlehnung wurde daraus *Westen*. Populär ist die Erklärung, in dem Zeichen einen Vogel zu sehen, der sich in seinem Nest niedergelassen hat. Im *Westen* steht die Sonne, wenn die Vögel abends in ihre Nester zurückkehren.

Nr. 179 : Chang Tsung-tung erklärt es als Piktogramm eines an beiden Enden zusammengebundenen Sackes. Die traditionelle, sich noch nicht auf die Knocheninschriften stützende Erklärung lautet: die (im *Osten*) aufgehende *Sonne* 日 hinter einem *Baum* 木.

Nr. 180 : BH ist 冂, das – heute nicht mehr allein gebraucht – eine freie Fläche vor der Stadt bezeichnete. In Unkenntnis dessen wird Nr. 180 traditionell dem Radikal *Tuch* 巾 (*jīn*) zugeordnet, in manchen neueren Wörterbüchern auch dem Radikal 冖.

Nr. 181 : Links BH *Erde* (*tǔ*). Achten Sie darauf, daß der 3. Strich länger ist als der erste, im Gegensatz zu Nr. 40. Rechts AH *yáng* (*sich erstrecken*), der etwas von seiner Bedeutung in das Zeichen einbringen dürfte.

Nr. 183 : Links BH *Mensch*, rechts AH *gēng* (*ändern*). Nr. 183 wird normalerweise *biàn* gelesen, nur in Verbindung mit Nr. 184 *pián*.

Nr. 184 : Oben BH *Dach*, unten AH *qiě* (vgl. Nr. 135, 151). Nach Chang Tsung-tung zeigt die untere Komponente Fleischstücke auf einem Hackbrett, und das Zeichen steht für „eine Opferhandlung, vermutlich das Schlachten eines Opfertieres und die Darbietung guter Fleischstücke".

Nr. 185 : Links BH *Leder* (*gé*), rechts AH *guī* (vgl. Nr. 177).

Nr. 186 : Im Langzeichen (*fántǐzì*) ist als äußere Komponente das Piktogramm eines *Tores* (*mén*) erkennbar (vgl. Nr. 60). Im Kurzzeichen (*jiǎntǐzì*) fehlt gerade dieses suggestive Element.

Nr. 187 : Wie in Nr. 186, ist auch hier das Kurzzeichen (*jiǎntǐzì*) gegenüber dem Langzeichen (*fántǐzì*) um den BH (in diesem Fall *Mensch*) verkürzt. Der AH *xì* 系 bedeutet allein auch *Verbindung*.

Nr. 188 : *Néng* bedeutet ursprgl. *großer Braunbär*. Wilder vermutet, daß, abgeleitet von der Kraft des Bären, ein Slang-Ausdruck entstand (vergleichbar unserem Szenewort *bärenstark*), der ausdrückte, daß jemand zu Großem fähig war. Dabei bezeichne 匕 die beiden Tatzen, 月 den Leib (Fleisch, vgl. Nr. 149) und 厶 den Kopf.

Nr. 189 : Das Kurzzeichen (*jiǎntǐzì*) ist auch ohne Erläuterung in seiner Bedeutung evident. Im Langzeichen (*fántǐzì*) sehen wir als untere Komponente BH *rechte Hand*, darüber zweimal das Zeichen *Vogel*. Zwei Vögel in der Hand halten. Das Kurzzeichen: zwei Hände.

Übungen zu Lektion 15

1. *Welche Zeichen lassen sich miteinander zu einem Wort verbinden?*

   1) 川 2) 市 3) 关 4) 便 5) 知 6) 星 7) 客 8) 火 9) 可 10) 照

   a) 宜 b) 期 c) 车 d) 气 e) 场 f) 相 g) 菜 h) 以 i) 道 j) 系

2. *Neun Adjektive können Sie inzwischen schreiben. Welches paßt in welche Lücke?*

   美, 客气, 多, 便宜, 小, 大, 好, 贵, 忙

   a) 这本书太 ⎯⎯ 了, 我不买。

   b) 贝老师的女儿真 ⎯⎯。

   c) 她的中文特别 ⎯⎯。

   d) 我的两个孩子还 ⎯⎯。

   e) 对不起, 我今天特别 ⎯⎯, 没有空。

   f) 他学了十五个汉字, 真不 ⎯⎯。

   g) 这双鞋很 ⎯⎯。

   h) 那家饭店最 ⎯⎯。

   i) 谢谢你! — 不 ⎯⎯!

日中关系
中关系

中国

今日中国

市场

西北

东北

3. *Hier ist der Text von Lektion 6 im* Praktischen Lehrbuch Chinesisch. *Lesen Sie ihn laut, transkribieren Sie ihn in Pinyin und schreiben Sie ihn dann, ausgehend von Ihrer Pinyin-Fassung, noch einmal in Zeichen:* `

a) A: 弟弟, 对不起, 今天我很忙, 不能陪 (péi) 你。

   B: 没关系。 我上午要去北京大学看一个朋友。 我可以一个人去。

   A: 下午你做什么?

   B: 我要去买一双鞋。 我最好去哪家鞋店买?

   A: 最好你去永 (yǒng) 和鞋店。 他们的鞋子特别好看。

   B: 鞋子贵吗?

   A: 不贵, 很便宜。

   B: 鞋店在哪条街?

   A: 在东兴 (xīng) 隆 (lóng) 街。

   B: 我不知道这条街。 没关系, 我有地图。 我去拿。

b) B: 你看, 东兴 (xīng) 隆 (lóng) 街在这儿。

   A: 不是, 这是西兴 (xīng) 隆 (lóng) 街。

   B: 啊, 在这儿!

   A: 对。 今天晚上我们一起去饭店吃饭, 怎么样?

   B: 好。 去哪家饭店?

   A: 树 (Shù) 德喜欢吃四川菜。 我们去四川饭店, 好吗?

   B: 太好了。 我也爱吃四川菜。

   A: 哎哟, 九点了!

   B: 现在才八点啊, 不是九点。

   A: 我真糊涂, 是八点! 十点我才有课。 那么, 我可以先去市场买一些 (xiē) 菜。

中国人很喜欢照相

元 块 角 毛 马 克 银

元	yuán	一	二	テ	元				
190.	anfänglich Geldeinheit								
块	kuài	一	十	土	圹	圹	块	块	塊
191.	Stück umgangs- sprachlich für 元								
角	jiǎo	丿	勺	勺	角	角	角	角	
192.	Horn Ecke 1/10 元								
毛	máo	ノ	仁	三	毛				
193.	tierisches Haar 1/10 块 (Name)								
马	mǎ	乛	马	马					馬
194.	Pferd (Name)								
克	kè	一	十	古	卢	克			
195.	überwinden								
银	yín	丿	八	厶	仝	金	釒	釖	銀
196.	Silber	钅	钽	银	银				

钱 币 民 共 换 少									

钱	qián	金	钅	钅	钱	钱	钱		錢
	Geld (Name)								
币	bì	ノ	亻	白	币				幣
	Währung								
民	mín	フ	⺕	⺕	民	民			
	Volk								
共	gòng	一	十	廿	丗	共	共		
	gemeinsam								
换	huàn	一	亅	扌	扩	护	护	拧	
	tauschen	拉	换	换					
少	shǎo shào	丿	小	小	少				
	wenig(e) jung								

197.
198.
199.
200.
201.
202.

Nr. 190: In der Grundbedeutung *Oberhaupt*. Unserem Blick gliedert es sich in *zwei* 二 (*èr*) und *Sohn* 儿 (*ér*). 二 ist aber die archaische Schreibweise für *shàng* 上 (vgl. Nr. 113); 儿 bedeutet hier *Mensch*, so daß *yuán* der ist, der unter den Menschen oben steht. Abgeleitete Bedeutung: *Ursprung*. Und da das Geld Ursprung aller Dinge zu sein scheint: Bezeichnung der höchsten Währungseinheit (als solche eigentlich 圓 geschrieben, so auch auf den chinesischen Banknoten).

Nr. 191: Links BH *Erde* (*tǔ*, vgl. Nr. 181), was auf die Grundbedeutung *Klumpen* verweist. Rechts der AH, im Langzeichen (*fántǐzì*) *guǐ* (*Dämon*). Eine hübsche Pointe, in den AH zugleich den Hinweis auf das Dämonische im Geld einzuflechten.

Nr. 192: In seiner Grundbedeutung *Horn*. Ursprgl. oben *Kraft* 力 (*lì*), unten *Fleisch* (*ròu*). Neben der vorliegenden Schreibung, in der die untere Komponente wie *yòng* (vgl. Nr. 228) aussieht, sollte man auch diese (er)kennen: 角. Nr. 192 ist selber Radikal.

Nr. 193: Selber Radikal, Bedeutung: *Körperbehaarung, Daunen*. Zudem ein häufiger Familienname (Máo Zédōng!).

Nr. 194: Selber Radikal, häufiger Familienname. Auch wenn das Kurzzeichen (*jiǎntǐzì*) davon nichts mehr ahnen läßt, ist *mǎ* ein Piktogramm, aus der archaischen Form sehr gut ablesbar: 馬 .

Nr. 195: Sie erkennen (Merkhilfe!) die drei Komponenten *zehn* 十, *Mund* 口, *Sohn* 儿. Dieses Zeichen wird gern zur Wiedergabe des *K*-Lautes fremdsprachiger Begriffe verwendet, so hier in *Mǎkè* (= D-Mark). Aparterweise heißt Karl Marx, Autor des *Kapitals*, auf chinesisch *Mǎkèsī*, was sich dann als *Karl D-Marx* eindeutschen ließe.

Nr. 196: Links BH *Metall* (*jīn*), rechts AH *gèn*, der etwas von seiner Bedeutung *hart* in das Zeichen einbringen dürfte.

Nr. 197: Links BH *Metall* (*jīn*), rechts AH *jiān*. Der AH wurde ursprgl. (vgl. das Langzeichen (*fántǐzì*)!) mit zwei Speeren geschrieben und bedeutet auch *ruinieren*, so daß sich als Merkhilfe anbietet: Geld = ruinöses Metall.

Nr. 198: Im Kurz- wie Langzeichen erkennen Sie als untere Komponente *Tuch* 巾 (*jīn*). Im Langzeichen (*fántǐzì*) oben AH *bì* (*Fetzen, schäbig*), was wir entschlossen wieder als Ausdruck einer ursprünglichen Skepsis gegenüber dem Geld interpretieren.

Nr. 199: BH ist *Clan* 氏 (*shì*); diesem Radikal wird Nr. 199 traditionell zugeordnet, nicht aber in einigen neueren Wörterbüchern.

Nr. 200: In der archaischen Schreibung vier Hände, die zusammenarbeiten: 𢍏 .

Nr. 201: Links BH *Hand* (*shǒu*), rechts AH *huàn*.

Nr. 202: Obere Komponente und zugleich Radikal des Zeichens ist *klein* 小 (*xiǎo*), hier gleichzeitig AH. Der abschließende Strich unter *xiǎo* bedeutet *verringern*, d.h. das ohnehin Kleine wird noch einmal verkleinert. Beachten Sie, daß das Zeichen, *shào* gelesen, *jung* bedeutet.

1. *Zwar werden Preisangaben in China oft (vor allem bei größeren Zahlen) in arabischen Zahlen geschrieben, üben Sie gleichwohl das Schreiben der chinesischen Zahlen und der Währungseinheiten. Schreiben Sie bei den Währungseinheiten zusätzlich zur umgangssprachlichen Bezeichnung in Klammern die offizielle, also* .... Kuài (Yuán) .... Jiǎo (Máo)*:*

a) 6,40

b) 869,-

c) 12,-

d) 0,84

e) 32,50

f) 17,95

Beispiel: 六块(元)四。

大　的
小　的
一　共

g) 23,70
　　19,85

2. *Antworten Sie auf die Fragen:*
   a) 这是哪国钱？是人民币吗？
   b) 这是多少钱？

3. *Ordnen Sie die Zeichen zu Sätzen. Zuerst als Kunde, d.h. Sie achten darauf, daß der Preis für den einzelnen Gegenstand so niedrig wie möglich ausfällt. Dann als Verkäufer, wobei Sie sich bemühen, dem Kunden soviel Geld wie möglich abzunehmen:*

   a) 这, 英, 六, 十, 八, 五, 书, 块, 毛, 本, 文
   b) 那, 二, 四, 九, 十, 双, 元, 角, 子, 鞋
   c) 本, 两, 块, 子, 个, 七, 这
   d) 菜, 个, 五, 八, 九, 这, 毛, 块

坐 杭 州 种 请 问 米									

坐	zuò	丿	人	𠆢	坐	坐	坐		
203.	sitzen								
杭	háng	木	木	杧	杧	杭			
204.	Hángzhōu (Name)								
州	zhōu	丶	丿	刂	州	州	州		
205.	Bezirk								
种	zhǒng zhòng	丿	二	千	禾	和	种		種
206.	Sorte pflanzen								
请	qǐng	讠	订	订	计	讲	请	请	請
	bitten	请	请						
207.									
问	wèn	丶	丨	门	问				問
208.	fragen								
米	mǐ	丶	丷	丷	半	米	米		
209.	Reis (Name)								

丝	绸	跟	单	料	您

丝	sī	ㄥ	纟	纟纟	丝					絲
210.	Seide									
绸	chóu	纟	幺	纩	纩	绯	绸	绸		綢
211.	Seidenstoff									
跟	gēn	口	무	무	무	足	趴	跙		
	Ferse folgen	跙	跟	跟	跟					
212.										
单	dān	`	`	``	兰	当	当	旦	單	
	einzig Liste	单								
213.										
料	liào	`	丷	半	米	籵	料	料		
	vermuten Material									
214.										
您	nín	亻	你	您	您	您	您			
215.	Anrede: „Sie"									

Nr. 203: Zwei *Menschen* 从 sitzen einander auf der *Erde* 土 gegenüber. Verbindung zweier BH (*huìyì*).

Nr. 204: Links BH *Baum/Holz* (*mù*), rechts AH *kàng*. Usprgl. Bedeutung *Barke*, heute vor allem Abkürzung für die Stadt *Hángzhōu*.

Nr. 205: BH *Strom, Fluß* (*chuān*, vgl. Nr. 166). In der archaischen Form meint man drei von Wasser umströmte Inseln zu sehen: 巛 .

Nr. 206 : Links BH *Hirse* (*hé*), rechts AH *zhōng* (*Mitte*). Im Langzeichen (*fántǐzì*) ist der AH *zhòng* präziser, da er auch den Ton angibt. Beachten Sie die unterschiedliche Bedeutung bei unterschiedlicher Lesung: *zhǒng = Sorte, Art, solche / zhòng = pflanzen.*

Nr. 207 : Links BH *sprechen* (*yán*), rechts AH *qīng* (*blau, grün*).

Nr. 208 : Außen AH *mén* (*Tor*, vgl. Nr. 60), innen BH *Mund* (*kǒu*). Merkhilfe: Ein Mund erscheint im Eingang und bittet um Auskunft. Traditionell unter *Mund* eingeordnet, erscheint es in einigen neueren Wörterbüchern unter *Tor*.

Nr. 209 : Selber Radikal in der Bedeutung (*schon enthülster*) *Reis*. Während ⅀ auf vier Reiskörner hinweist, steht ╈ für die Aufteilung in vier Himmelsrichtungen.

Nr. 210 : Im Langzeichen (*fántǐzì*) zweimal dieselbe Komponente 糸; in ihrer archaischen Schreibung 絲 . Dabei ist 糸 das Bild zweier Kokons, ∧ steht für das Flechten mehrerer Fasern zu einem Faden.

Nr. 211 : Links BH *Seide* (*sī*), rechts AH *zhōu* (*vollkommen*), also: reine, mit keiner anderen Faser vermischte Seide.

Nr. 212 : Links BH *Fuß* (*zú*), rechts AH *gèn* (vgl. Nr. 196). Nach *Fun With Chinese Characters* deutet die obere Komponente des Fußes auf die Kniescheibe, nach Wilder darauf hin, daß der Fuß ruht. Bei Chang Tsung-tung sieht man, daß diese Komponente im *Fuß* der Orakelinschriften fehlt: ∀ .

Nr. 213 : Das ganze Zeichen ist AH.

Nr. 214 : Rechts BH *dǒu*, womit ein Hohlmaß bezeichnet ist, in seiner archaischen Form Bild einer *Schaufel*. Links der (uns nicht mehr sehr hilfreiche) AH *mǐ* (vgl. Nr. 209).

Nr. 215 : Unten BH *Herz* (*xīn*), oben AH *nǐ* (*du, Sie*).

Übungen zu Lektion 17

1. *Drei europäische Staaten. Tragen Sie die Namen ein:*

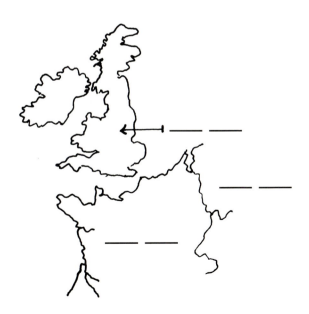

2. *Was befindet sich an den markierten Orten?*

   a) (Stadt) b) (Stadt)

   c) (Stadt) d) (Stadt)

   e) (Land) f) (Stadt)

   g) (Provinz)

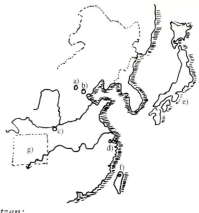

3. *Ordnen Sie die Zeichen so, daß sie den deutschen Satz übersetzen:*

   a) Herr Qián möchte morgen mit dem Zug nach Hángzhōu fahren.

   州, 去, 火, 先, 杭, 天, 车, 生, 明, 钱, 想, 坐

   b) Ist diese Seide teuer?

   贵, 这, 吗, 绸, 种, 丝

   Nein, nicht teuer, (sie ist) sehr billig.

   贵, 很, 宜, 便, 不

   c) Entschuldigung, wieviel kostet diese Seite pro Meter?

   问, 丝, 这, 少, 一, 请, 米, 多, 种, 绸, 钱

   Der Meter kostet 9,70.

   一, 七, 九, 米, 块

   d) Soll es etwas aus diesem Material sein?

   想, 种, 吗, 料, 您, 这, 买, 子, 的

   Ist das aus reiner Seide?

   真, 的, 是, 丝, 吗

   Ja, das ist aus reiner Seide.

   的, 的, 丝, 真, 是, 是

   e) Wollen Sie allein nach Peking fahren?

   京, 你, 个, 要, 北, 一, 去, 人, 吗

   Nein, nicht allein. Ich fahre mit Herrn Wáng.

   想, 人, 去, 我, 不, 个, 一。 我, 一, 去, 生, 王, 跟, 先, 起

4. *Sehen Sie das Gemeinsame in den folgenden Zeichen. Lesen Sie die Zeichen laut und überlegen Sie dabei, ob Sie sich in Bezug auf die Töne sicher sind:*

a) (Seide) 丝, 经, 结, 绸   b) (Messer) 别, 刻, 到

c) (sprechen) 请, 认, 识, 语, 谢   d) (Pferd) 马, 吗, 妈

e) (Sonne) 日, 明, 照, 婚, 时, 晚, 星, 最

5. *Unterscheiden Sie:*
a) xiāng – xiǎng 相, 想 b) nǐ – nín 你, 您 c) jiǔ – jǐ 九, 几 d) qù – fǎ 去, 法

e) yě – tā – tā 也, 他, 她 f) jiàn – xiàn 见, 现 g) yǒu – zài 有, 在 h) rén – dà – tiān 人,

大, 天 i) mǐ – liào 米, 料 j) zhàn – diàn 站, 店

6. *Das Radikal „Herz" wird als unterer Bestandteil eines Zeichens 心 geschrieben, als linker Bestandteil 忄, d.h. die Strichzahl stimmt nicht überein. Vgl.* 想 (xiǎng), 您 (nín), 忙 (máng).

7. *Lesen Sie den Text von Lektion 7 laut, transkribieren Sie ihn in Pinyin und schreiben ihn anschließend, ausgehend von Ihrer Pinyin-Fassung, noch einmal in Zeichen:*

a) 安丽现在在一家银行。 她在那儿换钱。

A: 您好！

B: 您好！我要换钱, 换德国马克。

A: 您要换多少？

B: 今天一百马克是多少人民币？

A: 三百五十六元二角七分。

B: 我换两百五十马克。

A: 好... 一共是七百一十二块五毛四分。

b) A: 莉莉 (Lìlì), 我需 (xū) 要几米丝绸。 你能陪 (péi) 我去买吗？

B: 真巧 (qiǎo)！我现在要去西单百货商场买东西。 那儿也有丝绸。
   你可以跟我去。

A: 好。 我们坐公 (gōng) 共汽 (qì) 车去吗？

B: 不, 我们坐电车。

c) 安丽现在在西单百货商场。 她在那儿买料子。

A: 请问, 这些 (xiē) 料子是杭州丝绸吗？

B: 这些 (xiē) 不是。 杭州丝绸在这儿。

A: 这种真好看！一米多少钱？

B: 这种一米二十二块八毛九。

A: 不贵。 那么, 我买九米。 一共多少钱？

B: 一共两百〇六块一分。

得雨房门间订事								

	dé, dě děi	彳	彳	得	得	得	得	
得	erhalten müssen							
216. 雨	yǔ	一	冖	冚	雨	雨	雨	
217.	Regen							
房	fáng	丶	丂	尹	户	户	庁	序
218.	Haus	房						
门	mén	丶	丿	门				門
219.	Tor Tür							
间	jiān	门	间					間
220.	zwischen Raum							
订	dìng	丶	讠	订	订			訂
221.	bestellen							
事	shì	一	口	彐	彐	彐	事	
222.	Angelegen- heit							

| 飞 | 机 | 情 | 找 | 走 |

		Stroke order							Traditional
飞	fēi fliegen	乙	飞	飞					飛
机	jī Maschine	木	机	机					機
情	qíng Gefühl	忄	忄生	情					
找	zhǎo suchen	一	十	才	扌	扩	扰	找	
走	zǒu gehen	土	丰	丰	走	走			

223. 飞
224. 机
225. 情
226. 找
227. 走

Nr. 216 : Im *Praktischen Lehrbuch Chinesisch* haben Sie Nr. 216 bisher nur in der Lesung *děi* und damit in der Bedeutung *müssen* kennengelernt. Meist wird Nr. 216 aber *dé* gelesen und heißt als Vollverb *bekommen, erlangen*, ist in dieser Lesung überdies eine häufige Strukturpartikel. Links das Radikal *shuāng rén páng* (vgl. Nr. 52), das erst später der rechten Komponente hinzugefügt, weder bedeutungsmäßig (kleiner Schritt) noch von der Aussprache her (*chì*) das Zeichen erhellt und somit überflüssig erscheint. Die rechte Komponente allein liest sich schon *dé* und bedeutet *bekommen*, wird aber heute alleine nicht mehr geschrieben. In seiner archaischen Form zeigt das Zeichen 畏 oben *sehen* 見 (*jiàn*), unten *die Rechte auf etwas legen* 彐. Und so schreibt *Fun With Chinese Characters*: Die Hand auf das legen, worauf man einen Blick geworfen hat.

Nr. 217 :   Ein besonders schönes, sinnfälliges Piktogramm: Regentropfen, die aus den Wolken ⌐⌐, die am Himmel (er ist durch den obersten waagerechten Strich markiert) hängen, herabfallen (das Herabfallen durch den senkrechten Strich | markiert).

Nr. 218 :   Außen BH *Tür* (*hù*), innen AH *fāng* 方 (*rechteckig*); weist also neben der Aussprache auch auf das Rechteckige der meisten Häuser hin. Im Gegensatz zu *mén* (vgl. Nr. 219) ist *hù* eine einflügelige Tür.

Nr. 219 :   Piktogramm einer zweiflügeligen Tür, die im Kurzzeichen (*jiǎntǐzì*) viel von ihrer Schönheit eingebüßt hat.

Nr. 220 :   Zwei BH: außen *Tür, Tor* (*mén*), innen *Sonne* (*rì*). Traditionelle Erklärung und Merkhilfe: der Zwischenraum zwischen den beiden Türflügeln, durch den die Sonne hereinscheint.

Nr. 221 :   Links BH *sprechen* (*yán*), rechts AH *dīng* (*mündiger Mann*), ursprgl. Piktogramm eines Nagels. Merkhilfe: bestellen = eine Sache festmachen, festnageln.

Nr. 222 :   *Fun With Chinese Characters* bemerkt: etwas, das gewissenhaft aufgezeichnet werden muß; daher eine *Hand* ∋ mit einem *Schreibgerät* ╂, das notiert, was *mündlich* 口 berichtet wird.

Nr. 223 :   Ursprgl. Bild eines *fliegenden Kranichs*: oben der gekrümmte Hals mit Schnabel, links und rechts die Schwingen 飛. Das Langzeichen (*fántǐzì*) ist traditionell selber Radikal, moderne Wörterbücher ordnen Nr. 223 auch unter 乙 ein. Noch das Kurzzeichen (*jiǎntǐzì*) läßt spontan *fliegen* assoziieren.

Nr. 224 :   Links BH *Baum/Holz* (*mù*), rechts AH *jǐ* (*einige*). Ursprgl. *Webstuhl*, später allgemein für Maschine.

Nr. 225 :   Links BH *Herz* (*xīn*), d.h. auch die Chinesen sehen im Herzen den Nistplatz der Gefühle. Rechts AH *qīng* (*blau, grün*, vgl. Nr. 207).

Nr. 226 :   Zwei BH: links *Hand* (*shǒu*), rechts *Speer* (*gē*). Merkhilfe: Mit dem Speer in der Hand nach dem Feind suchen. Verwechseln Sie dieses Zeichen nicht mit *wǒ* 我 (*ich*, vgl. Nr. 19).

Nr. 227 :   Selber Radikal. In seiner heutigen Schreibung meinen wir, oben *Erde* (*tǔ*) zu erkennen. Die archaische Form 走 zeigt unten *anhalten* 止 (*zhǐ*), oben einen Menschen, der sich voraneilend vornüberbeugt.

Übungen zu Lektion 18

1. *Versuchen Sie sich in den folgenden vier Kreuzworträtseln!*

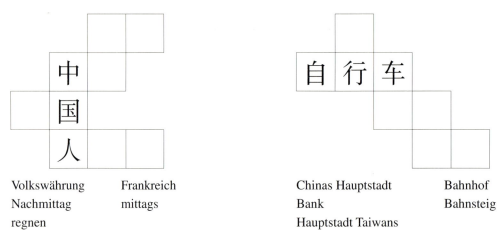

Volkswährung	Frankreich	Chinas Hauptstadt	Bahnhof
Nachmittag	mittags	Bank	Bahnsteig
regnen		Hauptstadt Taiwans	

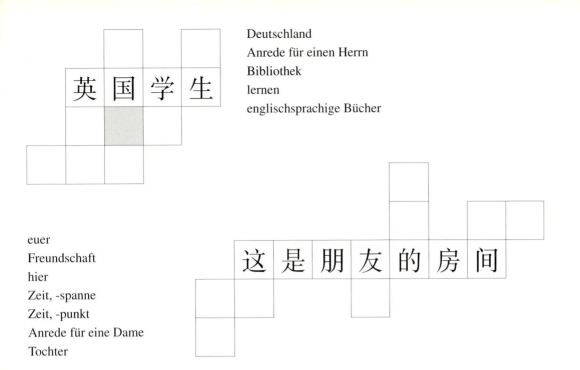

Deutschland
Anrede für einen Herrn
Bibliothek
lernen
englischsprachige Bücher

英 国 学 生

euer
Freundschaft
hier
Zeit, -spanne
Zeit, -punkt
Anrede für eine Dame
Tochter

这 是 朋 友 的 房 间

2. *Unterscheiden Sie:*

a) zǒu 走 我要走了。

shì 是 她是你朋友吗？

b) jī 机 你要坐飞机去杭州吗？

háng 杭

c) mén 门

mèn 们 请问,这是你们的房间吗？

wèn 问

jiān 间

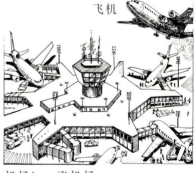

飞机

机场 bzw. 飞机场

3. *Aus den Zeichen, die wir bisher vorgestellt haben, lassen sich zusätzlich die nachfolgenden Wörter bilden. Lesen Sie diese und schreiben Sie sie in Pinyin. Überlegen Sie, was sie bedeuten könnten und erleben Sie dabei, daß sich nicht immer aus der Bedeutung der einzelnen Zeichen die des Wortes erschließen läßt:*

a) 东京   g) 可是   m) 星星   s) 车间   y) 电机

b) 东北   h) 可爱   n) 书店   t) 车道   z) 电路

c) 国家   i) 街道   o) 鞋店   u) 车门   aa) 电门

d) 房子   j) 课文   p) 商人   v) 车钱   ab) 电台

e) 饭馆   k) 货币   q) 事先   w) 车子   ac) 车照

f) 差不多   l) 分别   r) 车场   x) 电工   ad) 火星

用	节	茶	第	食	堂	票

用	yòng	丿	门	月	用				
228.	benutzen								
节	jié	一	十	艹	芍	节			節
229.	Gelenk Glied Zähleinheits-wort								
茶	chá	艹	共	茶					
230.	Tee								
第	dì	丿	人	仁	竹	竺	竺	笃	
231.	Zur Bezeich-nung von Ordinal-zahlen	第	第						
食	shí	人	人	今	今	合	食	食	
232.	essen	食							
堂	táng	丨	丷	丷	丷	尚	堂		
233.	Halle								
票	piào	一	厂	冂	両	西	西	覀	
234.	Ticket	覀	票	票					

235. 社	shè	﹀	㇀	㇉	㇈	社				
	Gesellschaft									
236. 旅	lǚ	﹨	㇒	方	方'	方⸝	方⸍			
	reisen	旅	旅	旅						
237. 难	nán nàn	㇇	㇈	刈	刈	刈	刈	难	難	
	schwierig Katastrophe	难	难	难						
238. 些	xiē	㇑	卜	卝	止	此	此	些		
	einige									
239. 陪	péi	阝	阝'	阝⸍	阝㇀	陌	陪			
	begleiten									

Nr. 228 : Selber Radikal.

Nr. 229 : Der BH unterscheidet sich in Lang- und Kurzzeichen. Grundbedeutung von Nr. 229 ist *Bambusknoten*, insofern ist es sehr plausibel, wenn im Langzeichen (*fántǐzì*) Bambus 竹 (*zhú*) BH und Radikal ist. Wenn im Kurzzeichen (*jiǎntǐzì*) Gras ⁺⁺ (*cǎo*) BH und Radikal ist, ist das weniger präzise. Die untere Komponente im Langzeichen ist AH *jí* (*also*). Im Kurzzeichen ist die untere Komponente eine alte Form von *Bambusknoten*, liest sich *jié* und gibt damit einen Hinweis auf Aussprache und Bedeutung.

Nr. 230 : Oben BH *Gras* (*cǎo*), in der unteren Komponente erkennen Sie *Mensch* 人 und *Baum/Holz* 木, was aber lediglich Merkhilfen sind und nichts mit der komplizierten Etymologie des Zeichens zu tun hat.

Nr. 231 : Oben BH *Bambus* (*zhú*). Ordnungszahlen segmentieren etwas wie der Bambusknoten den Bambus. Unten AH *dì* (*jüngerer Bruder*, vgl. Nr. 150).

Nr. 232 : Selber Radikal, das immer darauf hinweist, daß die Bedeutung des Zeichens etwas mit *Speisen, essen* zu tun hat. In der archaischen Schreibung 食 bedeutet 亼 *zusammen, sammeln*, 皀 *gekochte Körner*. Dabei ist ○ der *Topf* und ∟ der *Löffel*. Der Strich im Topf zeigt an, daß der Topf gefüllt ist.

Nr. 233 : Unten BH *Erde* (*tǔ*), oben AH *shàng*. Da der obere Teil 艹 wie ein Dach aussieht, spricht Wilder von einem suggestiven AH.

Nr. 234 : Manches moderne Wörterbuch ordnet Nr. 234 dem Radikal 西 (vgl. Nr. 178) zu, traditionell wird es aber 示 (vgl. Nr. 98) zugeordnet. Dieses Radikal weist darauf hin, daß das Zeichen etwas aus dem Bereich des Sakralen beschreibt. Als linke Komponente eines Zeichens wird es 礻 geschrieben (4 Striche), als untere 示 (5 Striche). Etymologisch (so Wilder) ist 示 eine Variante von *Feuer*, die archaische Form wurde 燚 geschrieben: über dem Feuer sieht man vier Hände 𦥑, die den Rauch 𠂆 in der Mitte manipulieren, Signalfeuer also.

Nr. 235 : Links der auf den Bereich des Sakralen verweisende BH *Omen/zeigen* (*shì*, vgl. Nr. 98, 234), rechts BH *Erde* (*tǔ*).

Nr. 236 : Links BH *Viereck, Himmelsrichtung* (*fāng*). In der rechten Komponente erkennen Sie unten den *Clan* (*shì*) wieder (vgl. Nr. 199). Nach Chang Tsung-tung ist *lǚ* der Archetyp von *Truppe* und stellt unter einer Fahne 㫃 marschierende Menschen dar.

Nr. 237 : Zuerst ein Blick auf das Langzeichen (*fántǐzì*): Rechts BH *kurzschwänziger Vogel* (*zhuī*), links AH *hàn* (vgl. Nr. 79), was *in der Sonne dörrend* bedeutet. Merkhilfe: Ist das Land ausgetrocknet, wird es schwierig für die Vögel, geraten sie in Not. Bedenken Sie, daß *nàn* im 4. Ton *Katastrophe* bedeutet. Im Kurzzeichen (*jiǎntǐzì*) ist die linke Komponente eine Hand.

Nr. 239 : Links BH *Sandhügel* (*fù*), rechts AH *tòu* (*ausspucken*). Unterscheiden Sie BH *fù* (*Sandhügel*), immer linke Komponente des Zeichens, von BH *yì* (*Stadt*), immer rechte Komponente eines Zeichens (vgl. Nr. 89).

Übungen zu Lektion 19

1. *Ein Bestandteil dieser vier Wörter ist das Zeichen* 行. *Seine Lesung stimmt in einem der Wörter nicht mit der in den anderen Wörtern überein. In welchem?*

旅行
银行
自行车
旅行社

2. *Vier Eintrittskarten. Zu was? Wo achten Sie besonders darauf, nicht in der ersten Reihe zu sitzen?*
车票, 火车票, 电影票, 飞机票

3. 上 *und* 下 *können als Ortsangaben wie als Verben auftreten:*

A 上: auf A   上 A: A besteigen   A 下: unter A   下 A: von A hinabsteigen

also: 山上 (shān Berg) auf dem Berg; 上山 den Berg besteigen

海上 (hǎi Meer) auf dem Meer; 上海 aufs Meer hinausgehen

车上 auf dem/im Wagen; 上车 in den Wagen steigen

车下 unterm Wagen; 下车 aus dem Wagen steigen

上课 Unterricht haben (wörtl. den Unterricht besteigen)

下课 den Unterricht beenden, der Unterricht ist aus (wörtl. aus dem Unterricht aussteigen)

4. *Unterscheiden Sie:*

a) 我 wǒ
   找 zhǎo   我找你了。

b) 弟 dì
   第 dì   弟弟现在上第几节课？

5. *Die folgenden drei Zeichen haben, wie das Radikal „Gras" (cǎo ⁺⁺) zeigt, alle etwas mit Pflanzen zu tun:*

兩 节 课； 四川 菜 ； 喝 茶

6. *Aus den bisher gelernten Zeichen können wir zusätzlich folgende Wörter bilden:*

a) 上（个）星期   f) 行人
b) 下（个）星期   g) 人行道
c) 门票   h) 人工
d) 饭票   i) 人士
e) 菜单   j) 人员

Lesen Sie die Wörter und wagen Sie einen Tip, was sie bedeuten könnten.

7. *Lesen Sie den Text von Lektion 8 des* Praktischen Lehrbuchs Chinesisch, *fertigen Sie eine Pinyin-Version an und schreiben Sie, ausgehend von ihr, die Lektion noch einmal in Zeichen:*

a) A: 莉莉 (Lìlì), 你吃午饭了吗？

   B: 吃了。你还没有吃吗？

   A: 还没有。我现在去食堂。糟糕 (zāogāo), 两点三刻了, 食堂关门了！
      你现在去哪儿？

   B: 我没课了。我要跟安丽去游 (yóu) 泳 (yǒng)。

b) A: 王老师, 你下课了吗？

   B: 下了。我今天上了五节课。请坐！要喝一点儿茶吗？

   A: 谢谢, 不用。我马上得走。我昨 (zuó) 天找你, 你不在。

   B: 昨 (zuó) 天我没来大学。你有什么事情？

A: 我下星期要跟一个朋友去西安, 不能来上课。

B: 没关系。下星期我们只上第十二课。这课不难。你们坐火车去西安吗？

A: 不, 坐飞机。我们订了飞机票了。

B: 订房间了吗？

A: 没有。我现在要去旅行社订。他们五点关门。我得走了。

B: 哎 (āi) 哟 (yō), 下雨了！

A: 没关系, 我有雨伞 (sǎn)。

Diese Karikatur aus der VR China schreibt *Tor* (*mén*) als Langzeichen, also 門 statt 门.

Kritisiert wird, daß man einen Weg durch zu viele Türen suchen muß, um zu einer *Genehmigung* (*shěnpī*) zu kommen.

里 240.	lǐ Meile in	丶	冂	曰	曰	旦	甲	里	裡
怎 241.	zěn wie? 怎	丿	亻	亇	乍	乍	怎	怎	
床 242.	chuáng Bett	丶	亠	广	床				
睡 243.	shuì schlafen	目	目'	目⺊	睁	睐	睡	睡	
觉 244.	jué jiào empfinden Schlaf	⅋	⺍	当	觉	觉			覺
只 245.	zhǐ zhī nur Zähleinheitswort	口	只	只					
后 246.	hòu Kaiserin hinter hinten	丿	厂	斤	后				後

97

		nián	ノ	レ	仁	仁	午	年		
	年	Jahr								
247.											
		yè	丶	亠	疒	夜	夜	夜	夜	
	夜	Nacht								
248.											
		zǎo	日	旦	早					
	早	früh								
249.											
		yuè	ノ	刀	月	月				
	月	Mond Monat								
250.											
		hào	口	므	号					號
	号	Nummer								
251.											

Nr. 240 : Selber Radikal. Als Substantiv *Dorf* und *Meile* (chinesische Meile etwa ein halber km). In dieser Bedeutung ist Nr. 240 Langzeichen (*fántǐzì*). Gleichzeitig ist es Kurzzeichen (*jiǎntǐzì*) für 裡, d.h. als Kurzzeichen hat *lǐ* (in) seinen BH *Kleidung* 衣 (weil *lǐ* ursprgl. *Futter in der Kleidung* bedeutet und *in* nur die abgeleitete Bedeutung ist) eingebüßt und wird nur mit dem AH geschrieben. Daß ein Zeichen heutzutage gleichzeitig die Kurzform eines anderen Zeichens sein kann, ist verwirrend. Vgl. auch Nr. 245, 246.

Nr. 241 : Unten BH *Herz* (*xīn*), oben AH *zhà* (vgl. Nr. 68).

Nr. 242 : Oben BH *Überdachung* (*yǎn*), unten BH *Baum/Holz* (*mù*).

Nr. 243 : Links BH *Auge* (*mù*), in der archaischen Schreibung: ♂ ♀ . Rechts AH *chuí* (herabhängen). *Chuí* selber stellt einen Zweig dar, der sich unter dem Gewicht seiner Blätter 乑 zur Erde 土 neigt. Merkhilfe: Wenn man schläft, hängen die Lider wie Blätter herunter.

Nr. 244: Unten BH *wahrnehmen* (*jiàn*, vgl. Nr. 146), oben AH *xiáo*, den wir schon in Nr. 25 geschrieben hatten. Dieser AH, der als eigenständiges Zeichen nicht mehr existiert, soll (Wilder) selber *lernen* bedeuten und sich im Langzeichen (*fántǐzì*) aus folgenden Komponenten zusammensetzen: ⺕彐 die beiden Hände des Lehrers, die auf die freie Fläche ⌒ drücken, welche die Unwissenheit im Kopf des Schülers bedeuten soll. Das zweifache 爻 zwischen den Händen stehe für das Fragen des Lehrers und das Antworten des Schülers. Phantastisch genug, um einprägsam zu sein.

Nr. 245: BH *Mund* (*kǒu*). Im 3. Ton gelesen ist Nr. 245 Adverb in der Bedeutung *nur*. Im 1. Ton gelesen, ist es Kurzzeichen (*jiǎntǐzì*) für das ZEW *zhī* 隻, mit dem man vor allem Tiere zählt (*yì zhī māo* = eine Katze), auch wenn man Dinge einzeln zählt, die normalerweise in Paaren existieren (*yì zhī xié* = ein Schuh; *yì zhī shǒu* = eine Hand). Wie Nr. 240 und 246 ist auch Nr. 245 zugleich Lang- und Kurzzeichen.

Nr. 246: Bei identischer Lesung bedeutet Nr. 246 als Langzeichen (*fántǐzì*) *Kaiserin*, als Kurzzeichen (*jiǎntǐzì*) *nach, hinter*.

Nr. 247: Urspgl. Bedeutung *Ernte*, zusammengesetzt aus 禾 (*Getreide*) und 亻 (*Mensch*). Traditionell wird *nián* dem Radikal *Schild* (*gān*) zugeordnet, was wenig Sinn macht. Im chinesischen Volksglauben ist das *nián* ein gefräßiges Monster, das am Silvesterabend in die Häuser einbricht und nach Beute sucht. Es fürchtet die Farbe Rot, also streicht man die Türen rot an, um sich vor ihm zu schützen. Um Mitternacht brennt man, um es endgültig zu verscheuchen, Feuerwerkskörper ab.

Nr. 248: BH *Abendsonne* (*xī*, vgl. Nr. 45) und *Mensch* unter einer *Überdachung* ⼍.

Nr. 249: BH *Sonne* (*rì*), dazu 十 (*shí*). Wir kennen 十 als *zehn*, es handelt sich hier aber, wie der archaischen Schreibung 𣅓 zu entnehmen ist, um *jiǎ* 甲 d.h. *Helm*. *Zǎo* also der Zeitpunkt, zu dem die Sonne bis zur Höhe des Helmes emporgestiegen ist?

Nr. 250: Piktogramm des Mondes, in seiner archaischen Schreibung: ⽉.

Nr. 251: Oben BH *Mund* 口, unten *Atem* ⼃, der gegen ein Hindernis 一 stößt. Daher die Bedeutungen *ausrufen, Signal, Befehl*. Im Langzeichen (*fántǐzì*) zusätzlich der *Tiger* (*hǔ*), dessen Anblick den Aufschrei verstärken dürfte.

Übungen zu Lektion 20

1. *Unterscheiden Sie:*

见 jiàn   现 xiàn   觉 jiào

见面   现在   睡觉

睡觉

2. *Sie kennen zwei Formen der Überdachung:* ⼴ *und* ⼍. *In den folgenden Zeichen sind sie Radikal:*

店, 床, 安, 宜, 客

Für Langenscheidts Handwörterbuch Chinesisch *ist das Dach auch im Zeichen* 字 *Radikal; traditionell wird dieses Zeichen dem Radikal* 子 *zugeordnet. Im Zeichen* 空 *ist die obere Komponente nicht das Dach, sondern* 穴, *d.h.* xué (*Höhle*).

3. *Ergänzen Sie in den neun dreisilbigen Wörtern die Mitte!*

自		车
图		馆
美		人
火		站
飞		票
星		六
人		币
一		人
旅		社

1994 年

1993年国民经济

4. 里 *lǐ, in der Grundbedeutung „Meile", wird nach* 这*,* 那 *und* 哪 *als Suffix verwendet, nicht anders als* 儿 *. Also:*

这 里 = 这 儿   那 里 = 那 儿   哪 里 = 哪 儿

Mit der Bemerkung 哪 里*,* 哪 里 *verwehrt man sich bescheiden gegen ein Kompliment. (Eselsbrücke: „Sie sprechen aber gut Chinesisch." „I wo, i wo!")*

„你 的 中 文 很 好." „哪 里, 哪 里!"

5. 天 *heißt „Himmel" (und davon abgeleitet „Tag"). Wir kennen die Zusammensetzungen* 今 天*,* 明 天*,* 后 天 *und* 星 期 天*. Erweitern Sie Ihren „himmlischen" Wortschatz und raten Sie, was die folgenden Zeichenkombinationen bedeuten könnten:*

a) 天 才	d) 天 空	g) 天 天	j) 天 下	m) 天 文 学 家
b) 天 国	e) 天 花	h) 天 子	k) 天 文	n) 天 文 台
c) 天 堂	f) 天 生	i) 天 真	l) 天 文 学	o) 天 安 门

回	出	租	汽	故	宫	会

	回	huí	丨	冂	向	回				
252.		zurück-kehren								
253.	出	chū	㇗	凵	屮	出	出			
		hinaus-gehen								
254.	租	zū	丿	二	千	禾	利	秱	租	
		(ver)-mieten	租							
255.	汽	qì	㇔	冫	氵	汁	沪	泸	汽	
		Dampf								
256.	故	gù	一	十	古	古	亡	故	故	
		ehemalig								
257.	宫	gōng	宀	宀	宫	宫				
		Palast								
258.	会	huì	丿	人	仒	仐	会	会		會
		können Versammlung								

说定公司

说 shuō / reden		丶	讠	讠	说	说	说		説
定 dìng / bestimmen		宀	宀	宁	宇	定	定		
公 gōng / öffentlich		丿	八	公	公				
司 sī / verwalten		フ	刁	司					

259. 260. 261. 262.

Nr. 252: BH *Einfriedung*, darin ein *Mund*. Ursprgl. Bild eines *Strudels* ⓔ, daher auch die Bedeutungen *sich winden, zurückkommen. Huí* hat eine Vielzahl erweiterter Bedeutungen, darunter *mal, Romankapitel, Mohammedaner.*

Nr. 253: BH ist ⊔ *kǎn*, ein Behältnis. In diesem Fall der Erdboden, aus dem die Halme 屮 empordringen.

Nr. 254: Links BH *Hirse* (*hé*, vgl. Nr. 36), Hinweis darauf, daß die Pacht in Getreide gezahlt wurde. Rechts AH *qiě* (vgl. Nr. 151).

Nr. 255: Links BH *Wasser* (*shuǐ*) als drei Tropfen Wasser (*sān diǎn shuǐ*), rechts AH *qì* (vgl. Nr. 129).

Nr. 256: Rechts BH *schlagen, klopfen* (*pū*), links AH *gǔ* (*alt*), der selber wiederum aus (oben) *zehn* und (unten) *Mund* besteht. *Alt/ehrwürdig* (*gǔ*) ist, was seit zehn Generationen Bestand hat. Das Radikal 攵 (*pū*) besteht aus einer rechten Hand mit einer *Wahrsagerrute* 攴.

Nr. 257: Ann interpretiert *gōng* als Gebäude mit mehreren Öffnungen (zweimal *Mund*) unterm *Dach* 宀. Der die beiden Münder verbindende Strich wird oft weggelassen.

Nr. 258: Im Kurz- wie Langzeichen steckt die Idee, daß Menschen sich treffen, um miteinander zu reden. Im Kurzzeichen (*jiǎntǐzì*) oben *Mensch*, unten 云 *yún. Yún* bedeutet *sprechen* (und ist gleichzeitig Kurzzeichen für *Wolke*, was im Zusammenhang dieses Zeichens aber nicht sehr erhellend ist). Im Langzeichen (*fántǐzǐ*) unten Radikal *sagen* 曰 (*yuē*), in der Mitte der Rauchabzug über der Feuerstelle, an der man sich versammelt 田, oben *sammeln* 亼.

Nr. 259: Links BH *sprechen* (*yán*), rechts *austauschen* (*duì*), so daß die Assoziation *Worte austauschen* naheliegt. Die rechte Komponente setzt sich aus den bereits bekannten Teilen 八, 口 und 儿, also aus *teilen, Mund* und *Sohn* zusammen.

Nr. 260: Oben BH *Dach*, unten *rechte Ordnung* (*zhèng*): Alles im Hause ist so festgelegt, daß es seine rechte Ordnung hat.

Nr. 261: Oben BH *acht/teilen*, unten *sī* (*persönlich*). In seiner archaischen Schreibung stellte dieses Zeichen angeblich einen *Seidenwurm* dar, der sich in einen Kokon eingesponnen hat. Erweiterte Bedeutung: *persönlich, privat* (mit der Konnotation *selbstsüchtig!*) *Gōng* ist das Gegenteil von *sī*. Sonderbedeutung: *männlich(es Tier)*.

Übungen zu Lektion 21

1. *Versuchen Sie, den Satz in der mittleren Spalte zu vervollständigen. Die Zeichen über bzw. unter den Lücken geben Ihnen die nötigen Hinweise:*

		明	上							东		
我	后			要	跟	他	一		去	北		大
		课						床				习

2. *Welches Verb paßt zu welchem Objekt?*

a) 1) 吃 2) 买 3) 订 4) 出租 5) 说

6) 请 7) 睡 8) 喝 9) 回 10) 上

a) 汽车 b) 茶 c) 饭 d) 客 e) 课

f) 东西 g) 家 h) 房间 i) 英文 k) 觉

b) 1) 结 2) 看 3) 坐 4) 照 5) 换

6) 起 7) 见 8) 知 9) 关

a) 书 b) 道 c) 婚 d) 床 e) 飞机

f) 门 g) 相 h) 钱 i) 面

3. *Fünf Wörter, deren erste Silbe* 回 *ist. Welches bedeutet was?*

    1) nach Hause kommen   a) 回来
    2) zurückkommen   b) 回想
    3) zurückgehen   c) 回国
    4) in die Heimat zurückkehren   d) 回家
    5) an etwas zurückdenken   e) 回去

4. *Zehn Wörter mit* 出 *als erster Silbe. Welches bedeutet was?*

    1) herauskommen   a) 出国
    2) ins Ausland gehen   b) 出去
    3) Ausweg   c) 出来
    4) hinausgehen   d) 出家
    5) berühmt   e) 出路
    6) ins Kloster gehen, Buddhist werden   f) 出事
    7) einen Unfall haben   g) 出名
    8) vermieten   h) 出现
    9) erscheinen, auftauchen, vorkommen   i) 出门
    10) das Haus verlassen, ausgehen   j) 出租

5. *Eine Vielzahl uns bekannter Zeichen läßt sich mit* 公 *(öffentlich) kombinieren:*

    | a) 公安 | d) 公元 | g) 公里 | j) 公路 |
    | b) 公安人员 | e) 公道 | h) 公民 | k) 公共 |
    | c) 公公 | f) 公分 | i) 公社 | l) 公德 |

Werbung für die 1-Kind-
Politik:
„Es ist gut, nur 1 Kind zu
haben."
Auf chinesisch?

方游泳航需树地								

方	fāng	丶	一	亠	方			
263.	4-eckig Himmels-richtung (Name)							
游	yóu	氵	汸	汸	泸	游		
264.	schwimmen (Name)							
泳	yǒng	氵	氵	汀	汋	泳	泳	
265.	schwimmen							
航	háng	丿	亻	𠂤	舟	舟	舟	
	.schiffen fliegen	舟	舫	航				
266.								
需	xū	一	宀	雨	雫	雫	雫	雫
	benötigen	雫	需	需				
267.								
树	shù	木	杜	权	权一	树	树	樹
268.	Baum							
地	dì	一	十	土	圳	圠	地	
269.	Erde							

Lektion 22

记者拉提琴

		jì	丶	讠	记	记	记		記
270.	记	notieren							
271.	者	zhě	土	耂	耂	者	者	者	者
		nominalisiert das Verb → Täter							
272.	拉	lā	一	扌	扌	扩	拉	拉	
		ziehen							
273.	提	tí	扌	担	担	担	捍	提	提
		heben erwähnen							
274.	琴	qín	一	二	干	王	珏	珏	琴
		Zither Saiteninstrument	琴	琴					

Nr. 263 : Selber Radikal. Stellt (laut Chang Tsung-tung) vermutlich den Griff eines Gabelspatens dar und bedeutet in den Orakelinschriften *Stamm, Land, Richtung*.

Nr. 264 : Links BH *Wasser* (als *sān diǎn shuǐ*). Im AH rechts erkennen Sie in der Mitte Nr. 263 wieder, rechts im unteren Teil 子 (vgl. Nr. 49). Zur Verbindung 方 vgl. Nr. 236. *Yóu* bedeutet nicht nur *schwimmen*, sondern in erweiterter Bedeutung auch *wandern, sich herumtreiben*. So ist 游民 *yóumín* nicht der schwimmende Teil der Bevölkerung, sondern *Landstreicher*.

Nr. 265 : Links BH *Wasser* (als *sān diǎn shuǐ*). Rechts AH *yǒng* (*ewig*). In *yǒng* steckt das Zeichen *Wasser* 水 (als Inbegriff des Ewigen, Beständigen?).

Nr. 266 : Links BH *Boot* (*zhōu*), rechts AH *kàng* (vgl. Nr. 204).

Lektion 22

Nr. 267: Oben BH *Regen* (*yǔ*, vgl. Nr. 217); unten *ér* (*und unter diesen Umständen*), in seiner archaischen Schreibung 禾, was die ursprgl. Bedeutung *Bart* evidenter werden läßt; der oberste waagerechte Strich weist auf den Mund hin.

Nr. 268: Links BH *Baum/Holz* (*mù*), rechts AH *shù* (*senkrecht*).

Nr. 269: Links BH *Erde* (*tǔ*), die rechte Komponente ist Ihnen aus Nr. 21, 22, 164 vertraut.

Nr. 270: Links BH *sprechen* (*yán*), rechts AH *jǐ* (*selber*). Merkhilfe: Am aufzeichnungswürdigsten erscheint einem, was man selber spricht.

Nr. 271: Funktionszeichen. Hinter einem Verb oder einem Adjektiv bezeichnet es die Person, die etwas tut bzw. etwas ist: 老者 *lǎozhě* (*die Alten*), 作者 *zuòzhe* (*der, der etwas tut → Autor*). Das Zeichen wirkt auf den ersten Blick, als hätte jemand die *Erde* über die *Sonne* gesetzt und sie dann durchgestrichen. Das Langzeichen (*fántǐzì*) unterscheidet sich vom Kurzzeichen (*jiǎntǐzì*) lediglich durch den Punkt über der Sonne. Traditionell wird Nr. 271 unter dem Radikal *alt* 老 (*lǎo*) eingeordnet, in manchen neueren Wörterbüchern unter dem früher nicht existierenden Radikal 耂.

Nr. 272: Links BH *Hand* (*shǒu*, in dieser Schreibung, d.h. als linke Komponente mit drei Strichen *tí shǒu páng* genannt), rechts AH *lì* (*stehen*, vgl. Nr. 153).

Nr. 273: Links BH *tí shǒu páng* (vgl. Nr. 272), rechts AH *shì*. *Shì* ist nur umgangssprachlich die Kopula *sein* und bedeutet in der klassischen Schriftsprache u.a. *richtig*. Merkhilfe: *tí = das Richtige aufgreifen*.

Nr. 274: Oben BH *Jade* (*yù*, vgl. Nr. 147), unten AH *jīn* (*gegenwärtig*, vgl. Nr. 116).

西南航空公司

Übungen zu Lektion 22

1. *Unterscheiden Sie:*

杭 háng (杭州)
航 háng (航空公司)

2. *Unterscheiden Sie die Radikale* mù 木 *(Holz/Baum) und* hé 禾 *(Getreide):*

和, 租, 种, 相, 树, 杭, 机, 条, 本

3. *Das Radikal* shǒu 手 *(Hand) wird als linker Zeichenbestandteil* 扌 *geschrieben, zählt also einen Strich weniger. Traditionell wird die Schreibung* 扌 *unter* 手 *eingeordnet (ursprgl. also beide unter Radikal 64); Langenscheidts Handwörterbuch Chinesisch führt beide Schreibungen getrennt auf,* 扌 *als Nr. 48,* 手 *als Nr. 96:*

接, 换, 找, 拉, 提

Cái 才 *gehört nicht zu diesem Radikal. Beachten Sie, wie sich Strichführung und Strichrichtung unterscheiden:* 一 亅 才 , 一 亅 扌.

Verwechseln Sie nicht 扌 *und* 牜. *Das Radikal „Rind" (*niú*)* 牛 *wird, wenn es linker Bestandteil des Zeichens ist,* 牜 *geschrieben. Wir haben bisher nur das* 特 *in* 特别 *mit diesem Radikal kennengelernt.*

107

4. *Die Komponente* 土 (tǔ *Erde*) *finden Sie – nicht immer als Radikal – in folgenden Zeichen:*
在, 堂, 地, 社, 者, 老, 教, 走

Beachten Sie, daß der 3. Strich länger ist als der erste. Hierdurch unterscheidet sich tǔ *(Erde)* 土 *von*
shì *(Gelehrter)* 士:
士, 结, 喜

Zwei verschiedene Radikale, im Handwörterbuch Chinesisch *Nr. 40 und 41.*

5. 在哪儿 = 在哪里 = 在什么地方?

你 在哪儿 工作?   她住 在哪儿 ?

你 在哪里 工作?   她住 在哪里 ?

你 在什么地方 工作?   她住 在什么地方 ?

6. *Hier wieder einige neue Wörter, die sich aus den Ihnen nun bekannten Zeichen bilden lassen:*

a) 大学生	f) 看见	k) 方便	p) 提起
b) 共和	g) 司机	l) 方块字	q) 提要
c) 共和国	h) 旅游	m) 记得	r) 提早
d) 人民共和国	i) 方面	n) 记住	
e) 里面	j) 方法	o) 记号	

7. *Lesen Sie den Text von Lektion 9 des* Praktischen Lehrbuchs Chinesisch, *transkribieren Sie ihn in Pinyin und schreiben Sie ihn, ausgehend von dieser Pinyin-Version, noch einmal in Zeichen:*

a) A: 小龙, 起床！我们吃早饭了。

　　B: 我还要睡觉。

　　A: 不行。 我们要陪你舅舅 (jiùjiu) 去故宫。 不要睡了！

　　B: 好, 好, 我起来。

b) A: 早, 小龙！

　　B: 舅舅 (jiùjiu) 早！我还想睡觉。

　　A: 我也还想睡。 我昨 (zuó) 天夜里一点才回来的。

　　B: 真的?! 你怎么回来的?

　　A: 坐出租汽车回来的。

　　C: 你们别只聊 (liáo) 天！吃饭了！我们马上得走了。

c) A: 王老师！

　　B: 啊 (a), 大卫 (wèi), 你好！

　　A: 你好！你一个人吗?

　　B: 我不是一个人来的。 我弟弟和小龙也来了。 你看, 他们在那儿
　　　 照相。

　　A: 啊 (a), 小龙也会照相！

　　B: 是他舅舅 (jiùjiu) 教他的。 对了, 你和你朋友哪天去西安?

　　A: 后天去。

　　B: 我们明年也想去西安。 你是在旅行社订飞机票的吗?

　　A: 不是, 是在中国东方航空公司订的。

　　B: 你们几号回来?

　　A: 十月二号。 哎 (āi) 哟 (yò), 人真多！

　　B: 可不是！你吃午饭了吗?

　　A: 还没有。

　　B: 我们要去吃饺 (jiǎo) 子。 你跟我们一起去吧 (ba)！

　　A: 好。 现在十一点半。 我们十二点一刻在这儿见面, 好吗?

　　B: 好。 说定了。

古花园博物参观

275. 古	gǔ antik Altertum (Name)	一	十	古					
276. 花	huā Blume	一	十	艹	艹	艿	芀	花	
277. 园	yuán Garten	丨	冂	门	囗	同	园	园	園
278. 博	bó umfassend	一	十	十	十	扩	捕		
		捕	捕	搏	博				
279. 物	wù Ding Gegenstand	丿	一	牛	牛	牞	物		
		物							
280. 参	cān teilnehmen	厶	厶	厽	歺	矣	参		參
281. 观	guān betrachten	刁	又	刈	邓	观	观		觀

282. 动	dòng	一	二	云	云	动	动		動
	bewegen								
283. 迹	jī	丶	亠	广	才	亦	亦		蹟
	Spur	迹	迹						2) 跡
284. 厕	cè	一	厂	厂	厕	厕	厕		厠
	Abort								
285. 所	suǒ	丿	丿	户	户	户	所		
	Ort Platz	所							
286. 楼	lóu	木	木	杵	株	楼			樓
	Gebäude Etage								

Nr. 275 : Zwei BH: oben *zehn* (*shí*), unten *Mund* (*kǒu*). Altehrwürdig ist, was sich seit zehn Generationen bewährt hat.

Nr. 276 : Oben BH *Gras* (*cǎo*), unten AH *huà* (*verändern*). Merkhilfe: Blume = ein Gras, das sich schnell verändert, d.h. mit dem es schnell vorbei ist.

Nr. 277 : Außen BH *Einfriedung*, innen AH *yuán* (vgl. Nr. 190). Der komplizierte AH im Langzeichen (*fántǐzì*) wird ebenfalls *yuán* ausgesprochen und ist ein Familienname.

Nr. 278 : Links BH *zehn* (*shí*), rechts AH *fū* (*ausbreiten*); der obere Teil des AH 甫 liest sich *fǔ*, der untere *cùn* (*Zoll*) ist uns aus mehreren Zeichen bekannt.

Nr. 279 : Links BH *Rind* (*niú*, vgl. Nr. 172), rechts AH *wù* (*Prohibitiv: Tu's nicht!*). Wilder sagt, 勿 sei ursprgl. eine aus drei Wimpeln bestehende Fahne, die ein Verbot signalisiere. Nach Chang Tsung-tung ist die Grundbedeutung von Nr. 279 *bunt, scheckig*.

111

Nr. 280: Oben (und im Langzeichen (*fántǐzì*) gleich dreimal) BH *eigensüchtig* (*sī*). Im Langzeichen darunter *Mensch* 人 und *Federn* 彡 (vgl. Nr. 158). Im Kurzzeichen (*jiǎntǐzì*) in der Mitte *groß* 大.

Nr. 281: Rechts BH *wahrnehmen* (*jiàn*, vgl. Nr. 146), links AH *guàn* (*Reiher*), im Kurzzeichen (*jiǎntǐzì*) zu 又 verkürzt (vgl. Nr. 112). Ein Blick auf die archaische Schreibweise des AH im Langzeichen (*fántǐzì*) 雚 belehrt uns, daß sein oberster Teil nicht *Gras* (*cǎo*) ist; vielmehr sind es die aus dem Kopf herausstehenden Reiherfedern. Ein sehr suggestiver AH, wenn man bedenkt, daß *guān* durchaus jene Art intensiven, forschenden Betrachtens meint, das für den reglos ins Wasser starrenden Reiher so bezeichnend ist. Im 4. Ton *guàn* gelesen: *daoistischer Tempel, daoistisches Kloster*.

Nr. 282: Rechts BH *Kraft* (*lì*). Links AH. Im Langzeichen (*fántǐzì*) *zhòng* (*schwer*), im Kurzzeichen (*jiǎntǐzì*) – nicht so hilfreich – *yún* (*Wolke*) (vgl. Nr. 258).

Nr. 283: Unten BH *gehen* (vgl. Nr. 35, 69). Oben AH *yì* (*auch*).

Nr. 284: Oben BH *Kliff* (*hàn*), darunter AH *zé* (*Regel, folglich*). Im Langzeichen (*fántǐzì*) ist *Überdachung* (*yǎn*) BH, was sicher präziser ist, auch wenn die Toiletten für manchen China-Reisenden eine Klippe sein mögen.

Nr. 285: Links BH *Tür* (*hù*). Eine einflügelige Tür bzw. ein Flügel einer Tür. Rechts die *Axt* 斤 (*jīn*). Die traditionelle, höchst phantasievolle Erklärung lautet: *suǒ* ist der Ort neben der Haustür, an dem mit der Axt Feuerholz gemacht wird.

Nr. 286: Links BH *Baum/Holz* (*mù*), rechts AH *lóu*, der als Kurzzeichen (*jiǎntǐzì*) aus (oben) *Reis* (*mǐ*) und (unten) *Frau* (*nǚ*) besteht; als Langzeichen (*fántǐzì*) aus drei Komponenten, die wie folgt interpretiert werden: Ort, wo *Frauen* 女 *im Innern* 中 *eingesperrt* sind. *Lóu* ist ein – daher auch die Bedeutung *Etage – mehrstöckiges Gebäude*. Aufgrund der Schreibung des Zeichens auf dem Orakelknochen vermutet Chang Tsung-tung, daß der AH alleine schon *mehrstöckiges Gebäude* bedeutete.

Übungen zu Lektion 23

1. *Unterscheiden Sie:*

古 gǔ   *wie in* 古老

故 gù   *wie in* 故宫 (古 *Aussprachehinweis*)

见 jiàn   *wie in* 看见, 见面

观 guān   *wie in* 参观 (见 *Bedeutungshinweis*)

现 xiàn   *wie in* 现在 (见 *Aussprachehinweis*)

2. *Unterscheiden Sie die Radikale a) „Mund" 口 (kǒu) und b) „Einfriedung" 囗 (wéi):*
   a) 叫, 可, 哥, 商, 咖, 啡, 台, 吃, 只, 号, 喝, 吗

   Traditionell werden diesem Radikal auch die folgenden Ihnen bekannten Zeichen zugeordnet:
   和, 名, 喜, 问, 后, 司, 古

b) 四, 国, 图, 回, 园

c) *Bedienen Sie sich aus dem Angebot der oben angeführten Zeichen, um in den folgenden Sätzen die Lücken sinnvoll zu schließen:*

1) 这 ＿＿ 个 德 ＿＿ 人 去 看 电 影。

2) 请 ＿＿, 你 ＿＿ 欢 ＿＿ 吗?

3) 你 ＿＿ ＿＿ 什 么 ＿＿ 字?

4) 在 这 家 饭 店 ＿＿ 能 ＿＿ 川 菜。

5) 我 朋 友 要 去 参 观 西 安 的 ＿＿ 迹。

6) 他 不 在 ＿＿ 店 工 作, 在 ＿＿ 书 馆 工 作。

7) 北 京 有 一 个 很 大 的, 很 有 ＿＿ 的 动 物 ＿＿。

8) 我 们 现 在 ＿＿ 以 ＿＿ 去 ＿＿?

9) 他 弟 弟 在 ＿＿ 北 的 一 家 航 空 公 ＿＿ 工 作。

10) 路 上 的 汽 车 ＿＿ 自 行 车 真 多!

3. *Lesen Sie und lernen Sie die neuen Wörter, die sich aus Ihnen vertrauten Zeichen zusammensetzen:*

a) 老子　　　f) 花园　　　k) 人物　　　p) 动人
b) 道德经　　g) 菜园　　　l) 大人物　　q) 动作
c) 爱面子　　h) 花花公子　m) 人参　　　r) 日记
d) 古人　　　i) 花生　　　n) 观点　　　s) 楼上
e) 公园　　　j) 博士　　　o) 动机　　　t) 楼下

老子

道德经
道德經

赤心出版社

Der klassische Text des Daoismus (Taoismus). Wie heißt der Titel, wie sein Verfasser?

他住在 ＿＿ ＿＿。

她住在 ＿＿ ＿＿。

他住在 ＿＿ ＿＿。

金	城	干	净	览	千	昨

287. 金	jīn	丿	人	亼	仐	仝	仐	金
	Gold Metall (Name)	金						
288. 城	chéng	土	圵	圷	坊	城	城	城
	Stadt (-mauer)							
289. 干	gan [1]) gàn [2])	一	二	干					[1)] 乾
	trocken tun							[2)] 幹
290. 净	jìng	⼂	冫	⼎	氵	冸	冯	冶	淨
	sauber rein	净						
291. 览	lǎn	丶	刂	丷	业	吵	竹	竹	覽
	besichtigen	览	览					
292. 千	qiān	丿	亠	千				
	1000							
293. 昨	zuó	日	日丿	昨	昨	昨	昨	
	gestern							

钟	zhōng	人	仝	仝	钅	钟			鐘
	Glocke Uhr								
服	fú	月	刖	刖	肌	服			
	Kleidung auf sich nehmen								
务	wù	ノ	ク	久	夅	务			務
	Angelegenheit Geschäfte								
零	líng	一	一	币	乕	乕	乘	零	
	Null	零	零						
兰	lán	丶	ン	丷	兰	兰			蘭
	Orchidee								

294. 钟
295. 服
296. 务
297. 零
298. 兰

Nr. 287 : Selber Radikal in der Bedeutung *Metall* (*jīn*). Als solches in der Kurzform 钅 geschrieben. Die Langform wird – ausgehend von der achaischen Schreibung 金 – wie folgt erklärt: oben AH *jīn* (*gegenwärtig*), darunter *Erde* (*tǔ*) mit zwei Goldnuggets.

Nr. 288 : Links *Erde* (*tǔ*), rechts AH *chéng* (*werden zu, erwachsen werden*); so ist *chéngrén* = *der Mensch Gewordene* = *der Erwachsene*. Noch in der heutigen Schreibung erkennen wir als eine Komponente von *chéng* den *Speer* 戈, Indiz, daß man *chéng*, erwachsen war, wenn man als waffenfähig galt. Nr. 288 ist in der Grundbedeutung (*Stadt*)*wall*, in der erweiterten Bedeutung dann *Stadt*. (So erklärt sich, warum die *Große Mauer* auf chinesisch *Cháng chéng* heißt).

Nr. 289 : Selber Radikal. Ursprgl. der *Schild* (*gān*). Heute Kurzform für zwei verschiedene Zeichen: 乾 *gān* = *trocken* und 幹 *gàn* = *Stamm, etw. erledigen*.

115

Nr. 290 : Links BH *Eis* (*bīng*), rechts AH *zhēng* (*wetteifern*). Die obere Komponente des AH ist *Kralle* 爪 (*zhǎo*), in der Kurzform allerdings nicht mehr erkennbar; die untere eine *Hand mit einem Stock* 㸚 . Nr. 290 wird oft auch mit *sān diǎn shuǐ* geschrieben. Merken Sie sich: 冫 *bing* = *Eis*; 氵 *shuǐ* = *Wasser*.

Nr. 291 : Unten BH *wahrnehmen* (*jiàn*), oben AH *jiān* (*inspizieren*). Der AH besteht, nur noch im Langzeichen (*fántǐzì*) erkennbar, aus einem Beamten 臣 , der sich beugt 宀 über ein mit Blut gefülltes Gefäß 血, was (laut Wilder) auf einen alten Brauch anspielen soll, nach dem ein Beamter als Zeuge zusah, wenn zwei vertragschließende Parteien ihren Kontrakt mit ihrem Blut bekräftigten, von dem sie etwas in ein Gefäß laufen ließen.

Nr. 292 : BH *zehn* (*shí*). In seiner archaischen Schreibung (laut Wee) eine Kombination aus *Mensch* und *eins*.

Nr. 293 : Links BH *Sonne* (*rì*), rechts AH *zhà* (*unerwartet, plötzlich*; vgl. Nr. 68).

Nr. 294 : Links BH *Metall* (*jīn*, vgl. Nr. 287), rechts im Kurzzeichen (*jiǎntǐzì*) AH *zhōng* (*Mitte*), im Langzeichen (*fántǐzì*) *tóng* (*Knabe*), d.h. hier ist der AH des Kurzzeichens hilfreicher, da er Anlaut und Ton treffender angibt.

Nr. 295 : Links BH *Mond* (*yuè*), rechts AH *fú* (*das Siegel halten*). Laut Wilder wurde statt *Mond* 月 ursprgl. *Schiff* (*zhōu*) 舟 geschrieben und *fú* habe nicht nur auf die Aussprache hingewiesen, sondern auch auf die Ausübung der Autorität durch den Kapitän.

Nr. 296 : Unten BH *Kraft* (*lì*), im Langzeichen (*fántǐzì*) als unterer Teil der rechten Komponente. Oben die verkürzte Form des AH *wù* (*seine Waffenkünste zeigen*).

Nr. 297 : Oben BH *Regen* (*yǔ*, vgl. Nr. 217), unten AH *lìng* (*befehlen*). Ursprgl. letzte Tropfen eines Regenschauers. Etwas von dieser Bedeutung schwingt wohl noch mit in *língqián* 零钱 (*Kleingeld*).

Nr. 298 : Von der Schönheit der Orchidee ist im Kurzzeichen (*jiǎntǐzì*) nichts geblieben. Das Langzeichen (*fántǐzì*) hat oben BH *Gras* (*cǎo*), darunter AH *lán* (*sich dem Ende zuneigen*).

Übungen zu Lektion 24

1. *Unterscheiden Sie:*

   a) 千 qiān   (*1. Strich von rechts oben nach links unten*, piě)

      干 gān   (*1. Strich waagerecht von links nach rechts*, héng)

   b) 作 zuò   *wie in* 工作 (*Radikal „Mensch"*)

      昨 zuó   *wie in* 昨天 (*Radikal „Sonne"*)

2. *Mit dem Radikal „Regen"* (yǔ) 雨 *kennen Sie jetzt drei Zeichen:* 雨, 零, 需.
   Mit dem Radikal „Metall" (jīn) 金 *kennen Sie jetzt vier Zeichen:* 金, 钟, 银, 钱.
   Das Radikal „Messer" (dāo) 刀 *wird als unterer Bestandteil eines Zeichens* 刀 *geschrieben, als rechter Bestandteil* 刂: 刻, 别, 分.
   In 到 *ist* 刂 *Aussprachehinweis. Sie finden diese Komponente ferner in* 厕.

3. *Steigen Sie die Stufen hinauf bzw. hinab, indem Sie die leeren Kästchen füllen:*

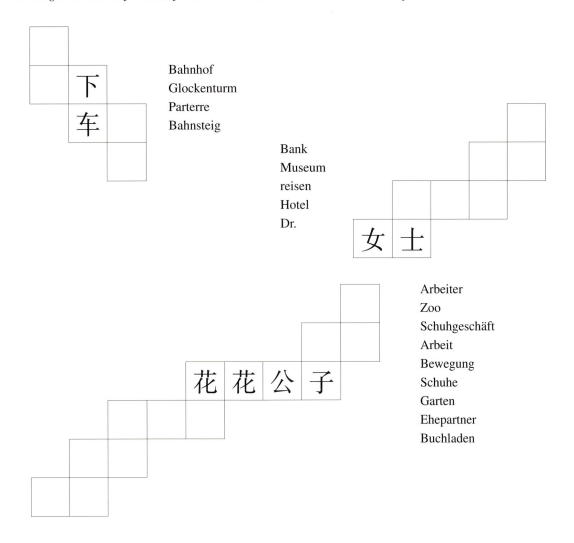

Bahnhof
Glockenturm
Parterre
Bahnsteig

下
车

Bank
Museum
reisen
Hotel
Dr.

女 士

Arbeiter
Zoo
Schuhgeschäft
Arbeit
Bewegung
Schuhe
Garten
Ehepartner
Buchladen

花 花 公 子

4. *Zum Abschluß wieder ein paar neue Wörter, aus Ihnen bekannten Zeichen gebildet:*

a) 机会   f) 兰花   k) 金门   p) 城里人
b) 书法   g) 兰州   l) 金条   q) 游览车
c) 语法   h) 定做   m) 金文   r) 一见钟情
d) 法语   i) 定语   n) 城门
e) 工人   j) 干菜   o) 城市

例	如	意	思	淋	浴	历

例	lì	亻	个	伫	伢	伢	例	例	
	Beispiel							
299.								
如	rú	女	如					
	wie							
300.								
意	yì	立	音	音	意	意	意	
	Bedeutung Sinn							
301.								
思	sī	丶	冂	冃	用	田	思	
	ersehnen denken							
302.								
淋	lín	氵	沐	淋				
	begießen durchnässen							
303.								
浴	yù	氵	浐	浴	浴			
	baden							
304.								
历	lì	一	厂	厉	历			歷
	durch-machen Kalender							
305.								

Lektion 25

闻	wén	丶	丨	门	门	闩	冂	闻	聞
	hören riechen (Name)	闻						
熊	xióng	厶	肖	肖	能	能	能	能
	Bär (Name)	熊	熊					
猫	māo	丿	犭	犭	犭	犭	猫	猫	貓
	Katze	猫	猫					
样	yàng	木	朴	朴	栏	样			樣
	Art Muster							
玉	yù	一	二	干	王	玉		
	Jade							

306.
307.
308.
309.
310.

一只猫   两只熊

Nr. 299: Links BH *Mensch* (*rén*), rechts AH *liè* (*aufreihen*).

Nr. 300: Links *Frau* (*nǚ*), rechts *Mund* (*kǒu*).

Nr. 301: Unten BH *Herz* (*xīn*), darüber *yīn* 音 (*Ton, Laut*); und so liest man die Erklärung, was jemand im Sinne habe, verrate sich in den Lauten, die er von sich gebe. Das Zeichen *yīn* 音 gliedert sich wiederum in die Ihnen bekannten Komponenten *lì* 立 (*stehen*) und *yuē* 日 (*sprechen*).

Nr. 302: Unten BH *Herz* (*xīn*); was in der heutigen Schreibung wie *Feld* 田 (*tián*) aussieht, soll ursprgl. den *Schädel* als Sitz des Hirns abgebildet haben, so daß das Zeichen eine Kombination zweier BH ist: *Herz* 心 / ⼼ + *Schädel* 田 / ⊗ = 思 / ⺜ , was mal damit erklärt wird, daß beim Denken ein Sekret des Herzens auf das Hirn wirke, mal damit, daß Denken zu gleichen Teilen von Hirn und Herz erledigt werden sollte.

Nr. 303: Links BH *Wasser* (*sān diǎn shuǐ*), rechts AH *lín* (*Wald*). Der AH besteht aus zweimal *Baum/Holz* 木 (*mù*). Zwei Bäume = ein Wald. Wir sind bescheiden geworden.

Nr. 304: Links BH *Wasser* (*sān diǎn shuǐ*), rechts AH *gǔ* (*Tal, Schlucht*).

Nr. 305: Wenig Ähnlichkeit zwischen Lang- und Kurzform. In der Kurzform ist BH *Kliff* (*hàn*), die äußere Komponente 厂, für die Bedeutung des Zeichens nicht eben erhellend: *Lì* 力 (*Kraft*) ist der hilfreiche AH. Das Langzeichen (*fántǐzì*) stellt in seiner ältesten Schreibweise auf Orakel-knochen das *Gehen zwischen den Furchen eines Getreidefeldes* dar. BH in der Langform ist *anhalten* 止 (*zhǐ*).

Nr. 306: Innen BH *Ohr* (*ěr*), außen AH *mén* (*Tor*). *Ěr* ist Piktogramm eines Ohres, wie uns der Blick auf ein archaisches Gesicht belehrt: ⬤. Einige Wörterbücher ordnen *wén* dessen ungeachtet dem Radikal *mén* zu.

Nr. 307: Unten BH *Feuer* (*huǒ*, vgl. Nr. 99), oben *néng* (vgl. Nr. 188), das selber ursprgl. *Bär* bedeutete, während es später *können* bezeichnete. Um *können* von *Bär* zu unterscheiden, habe man noch vier Punkte beim Bären ergänzt, die hier nicht für Feuer, sondern für dessen Beine stünden, heißt es in *Fun With Chinese Characters*.

Nr. 308: Daß Katz und Hund einander nicht grün sind, gilt auch in China. Um so verwunderlicher, daß in der heutigen Schreibweise des Zeichens für *Katze* der *Hund* BH ist: *quǎn* 犭. Rechts der AH *miáo* 苗 (*Sproß, Keim*), selber eine Kombination aus *Gras* 艹 (*cǎo*) und *Feld* 田 (*tián*), was sicher plausibel erscheint. Wie treffend der AH das Miauen der Katze wiedergibt!

Nr. 309: Links BH *Baum/Holz* (*mù*), rechts AH *yáng* 羊 (*Schaf*) in der Kurzform. In der Langform AH *yàng*, das aus (unten) *ewig* (*yǒng*, vgl. Nr. 265) und oben AH *yáng* (*Schaf*) besteht.

Nr. 310: Selber Radikal. Vgl. Nr. 147.

Übungen zu Lektion 25

1. *Füllen Sie die drei Kreuze mit sechs dreisilbigen Wörtern:*

2. *Wiederholen Sie die Zeichen mit dem Radikal „Wasser" (shuǐ), „sprechen" (yán) und „Herz" (xīn), indem Sie Wörter bilden:*

请
课
订
谊
谢
识
记
语
认
说

忙
您
想
意
情
怎
思

法
汉
游
淋
津
汽
济
没
泳
浴

3. *Die beiden Alten halten Papiere in der Hand, auf denen steht* 老人再婚.
Können Sie sich vorstellen, was diese Karikatur besagen will, die im Juli 1993 in der Zeitschrift Fěngcì yǔ yōumò *(Satire und Humor) in der VR China erschien?*

4. *Die in dieser Lektion neu gelernten Zeichen erlauben Ihnen, unter anderem die folgenden neuen Vokabeln zu lernen:*

a) 例子	f) 事事如意	k) 月历	p) 玉人
b) 如今	g) 意见	l) 月琴	q) 玉兰
c) 如上	h) 意识	m) 月经	r) 这样
d) 如下	i) 意中人	n) 月下老人	s) 样子
e) 如意	j) 思想	o) 月台＝站台	t) 看样子

一个中国人和一个德国人在饭店吃饭。

骑	边	附	近	暖	水	瓶

骑 311.	qí reiten	フ	弓	马	马^大	马^大	马奇	骑	騎
边 312.	biān Seite Rand	フ	力	边	边	边			邊
附 313.	fù beifügen	3	ß	阝	阝一	附	附		
近 314.	jìn nah	╯	╱	╱	斤	近	近	近	
暖 315.	nuǎn warm	日	日	日	暖	暖	暖	暖	
水 316.	shuǐ Wasser	亅	才	水	水	水			
瓶 317.	píng Flasche	╲	╳	兰	并	并	并	瓶	
		瓶	瓶						

123

前		前						
旁		旁						
外		外						
左		左						
右		右						
桌		桌						

前	qián vor vorn	丷	丷	首	前			
旁	páng neben an der Seite	亠	立	立	立	旁	旁	
外	wài außen außerhalb	丿	夕	夕	列	外		
左	zuǒ links (Name)	一	ナ	左	左	左		
右	yòu rechts	一	ナ	右				
桌	zhuō Tisch	丶	卜	占	桌			

318.
319.
320.
321.
322.
323.

骑 车 在 德 国

Nr. 311: Links BH *Pferd* (*mǎ*), rechts AH *qí* (*sonderbar*). Der AH setzt sich in seiner heutigen Schreibung aus (oben) *groß* 大 (*dà*, vgl. Nr. 56) und (unten) *zulässig* 可 (*kě*, vgl. Nr. 103) zusammen. Offen bleibt, wer sich sonderbar fühlt, der Reiter auf dem Pferd oder das Pferd unter dem Reiter.

Nr. 312: Unten BH *gehen*, in der Kurzform darüber *Kraft* (*lì*, vgl. Nr. 305). Diese Kurzform existierte schon vor der Schriftreform von 1957 als Alternative zu der Langform, die Sie rechts sehen. In der Langform oben AH *yān*, der sich aus (oben) *Nase* 自 (*bí*), *Höhle* 穴 (*xué*) und (unten) *Richtung* 方 (*fāng*, vgl. Nr. 263) zusammensetzt.

Nr. 313: Links BH *Erdhügel* (*fù*, vgl. Nr. 239), rechts AH *fù* (*geben*), dessen linke Komponente *Mensch* ist; die rechte, heute das Zeichen für die Maßeinheit *cùn* (*Zoll*), ist ursprgl. das Bild einer Hand (die in diesem Fall einem Menschen etwas reicht), also ein sehr suggestiver AH.

Nr. 314: Unten BH *gehen* (vgl. Nr. 312), oben AH *jīn* (*Axt/Pfund*). Merkhilfe: Auch wenn das Ziel *nah* ist, *gehen* Sie nicht ohne *Streitaxt* aus!

Nr. 315: Links BH *Sonne* (*rì*), rechts AH *yuán* (*folglich*).

Nr. 316: Selber Radikal. Archaische Schreibung 川, wobei der Strich in der Mitte einen Flußlauf, die kleinen Striche die Kräuselung und/oder Strudel darstellen sollen. Wie Sie schon bemerkt haben, wird *Wasser* als linke Komponente eines Zeichens mit drei Wasserspritzern 氵 (*sān diǎn shuǐ*) geschrieben.

Nr. 317: Rechts BH *Töpferware/Dachziegel* (*wǎ*), links AH *bìng* (*gemeinsam*). Ursprgl. ⌒ geschrieben, ist *wǎ* wohl das Piktogramm eines Dachziegels. Wenn Sie in der chinesischen Architektur oft Durchgänge sehen, die wie der Umriß einer *Vase/Flasche* geformt sind, so deswegen, weil *píng* den Betrachter den gleichlautenden *Frieden* (*píng*) assoziieren läßt.

Nr. 318: Radikal ist traditionell der rechte Teil der unteren Komponente: *Messer* (*dāo*, vgl. Nr. 154), ohne daß etwas von der Bedeutung *Messer* sich in *qián* nachweisen ließe. So ordnen einige neuere Wörterbücher *qián* unter ⺍ ein. Die obere Komponente stellte ursprgl. das Zeichen *zhǐ* (*anhalten*) dar, die untere nicht einen *Mond + Wasser*, wie uns die heutige Schreibung suggeriert, sondern ein *Schiff* mit hoch ausschwingendem Schiffsschnabel: 肯 .

Nr. 319: Unten BH *Richtung/viereckig* (*fāng*), oben AH *páng*, der selber einen nach drei Seiten abgegrenzten Raum darstellen sollte: 宀 . (Wilder)

Nr. 320: Links BH *Abend* (*xī*), rechts *wahrsagen* (*bǔ*). Man sagte wahr, indem man die Sprünge in einem erhitzten Schildkrötenpanzer interpretierte. 卜 steht für waagerechte und senkrechte Sprünge.

Nr. 321: Eine linke Hand 𠂇 , die das Winkelmaß des Zimmermanns 工 hält (vgl. Nr. 65).

Nr. 322: Oben eine *Hand*, darunter *Mund*. Hinweis auf die rechte Hand, mit der man ißt?

Nr. 323: Unten BH *Baum/Holz* (*mù*), oben AH *zhuō*.

Zwei Wasserpfeife rauchende Bauern auf einem Scherenschnitt aus Shaanxi. Der linke hat den rechten offensichtlich gerade gefragt, ob er ihm morgen mal seinen Büffel zum Pflügen überlassen kann. Wird sein Wunsch erfüllt?

1. *Lesen Sie laut (und beachten Sie dabei die Töne) und richten Sie Ihr Augenmerk besonders darauf, welche der Ortsangaben nur mit biān 边, nicht mit miàn 面 gebildet wird.*

边
上下前后旁外里左右

面
上下前后外里

2. *Schreiben Sie, wo sich der jüngere Bruder (bzw. die Vase oder Katze) jeweils befindet:*

我弟弟在桌子 ....。

花瓶在 ....。

猫在 ....。

左左
左
匡
左
左
左
左

右右
右
右
司
右
右
右
右

3. *Ergänzen Sie fünf Zeichen, so daß man liest:*

Mit dem Auto / Fahrrad / der Straßenbahn / der Eisenbahn / fahren

骑		车

坐 ——— [ ] ——— 车

4. *Lesen Sie und schreiben Sie in Pinyin:*

大卫(wèi)和他的朋友约(Yuē)翰(hàn)这个星期在西安游览。他们是坐飞机来的。约翰(Yuēhàn)是美国人,现在住在北京。他在那儿的一家美国公司工作。西安有几家大旅馆,例如金花饭店,钟楼饭店。大卫(wèi)和约翰(Yuēhàn)住在一家小旅馆。他们在那儿订了两间房间。大卫(wèi)的房间在一楼,一零六号。约翰(Yuēhàn)的在二楼。房间很干净,有厕所,淋浴,一天四十块。西安是一个很古老的大城市。大卫(wèi)和约翰(Yuēhàn)游览了很多历史古迹。他们也参观了有名的秦(Qín)俑(yǒng)博物馆。你们知道秦(Qín)俑(yǒng)有多少年的历史吗? 有两千多年的历史!

约翰(Yuēhàn)觉得熊猫很有意思。昨天他一个人去西安动物园看熊猫。他在那儿照了很多相。

127

| 错 等 典 傅 邮 局 口 | | | | | | | | |

错	cuò	𠂉	𠂉	全	𨫡	鈝	鈘	错	错
324.	sich irren Fehler								
等	děng	丿	𠂇	𠂉	竹	笁	笙	等	
325.	warten	等							
典	diǎn	丶	冂	曲	典	典	典		
326.	Standard-werk Anspielung								
傅	fù	亻	仁	仨	佀	佰	伂	俌	
327.	Meister (Name)	俌	傅	傅					
邮	yóu	丶	冂	屮	由	由	由阝	邮	郵
328.	postalisch								
局	jú	乛	𠃌	尸	厃	局			
329.	Behörde Lage								
口	kǒu	丶	冂	口					
330.	Mund Öffnung								

128

李							

	lǐ	木	李					
331.	Pflaume (Name)							
	pí	ノ	厂	广	皮	皮		
332.	Haut Leder							
	bāo	ノ	ク	勹	匀	包		
333.	einwickeln (Name)							
	xiě	ノ	冖	宀	写	写		寫
334.	schreiben							
	xìn	亻	个	仁	信	信		
335.	vertrauen Brief							
	xīn	立	亲	新	新	新	新	
336.	neu							

Nr. 324: Links BH *Metall* (*jīn*), rechts *xī* (*ehemals*), was früher geschrieben wurde und *Dörrfleisch* bedeutete (man sieht vier Streifen Fleisch über der Sonne 日 hängen).

Nr. 325: Oben BH *Bambus* (*zhú*, vgl. Nr. 231), unten *Tempel* (*sì*, vgl. Nr. 122). Dabei gliedert sich das Zeichen *Tempel* nach dem Augenschein noch einmal in *Erde* 土 und *Zoll* 寸.

Nr. 326: Radikal ist unten die *acht* (*bā*), auch wenn sie nichts von ihrer Bedeutung in *diǎn* einbringt. Die archaische Schreibung des Zeichens zeigt oben von Schnüren zusammengehaltene beschriebene Bambusstreifen, darunter einen Tisch, auf dem diese „Bücher" liegen. Die Tischbeine wurden später als *acht* mißdeutet.

Nr. 327: Links BH *Mensch* (*rén*), rechts AH *fū* (vgl. Nr. 278). Häufiger Familienname.

Nr. 328: Rechts BH *Stadt* (*yì*). AH im Kurzzeichen (*jiǎntǐzì*) ist *yóu* (*infolge*), sehr viel hilfreicher als das *chuí* (*herabhängen*, vgl. Nr. 243) im Langzeichen (*fántǐzì*).

Nr. 329: Oben BH *Leiche* (*shī*), der wohl nur polemisch mit *Amt, Behörde* in Verbindung gebracht werden kann.

Nr. 330: Selber Radikal, nicht zu verwechseln mit *Einfriedung* (die immer äußere, etwas einschließende Komponente eines Zeichens ist; vgl. Nr. 4, 15, 277). Heute bedeutet *kǒu* nur noch in Zusammensetzungen *Mund*, während man vom Mund eines Menschen als *zuǐ* oder *zuǐba* spricht.

Nr. 331: Oben BH *Baum/Holz* (*mù*), unten *Sohn* (*zǐ*). Wilder weist darauf hin, daß mit *zǐ* die Früchte des Baumes gemeint sein dürften. *Táolǐ* (*Pfirsiche und Pflaumen*) ist eine altertümliche Bezeichnung für die *Schüler eines Meisters*. Überdies ist *Lǐ* einer der häufigsten Familiennamen in China, häufiger als Maier, Meier, Meyer und Mayer zusammen. Laut Süddeutscher Zeitung vom 9.12.1994 hießen zu diesem Zeitpunkt etwas 87 Millionen Chinesen *Lǐ*.

Nr. 332: Selber Radikal. In der Siegelschrift-Version erkenntlich als Zusammensetzung aus *Haut* , *Messer* und *Hand* .

Nr. 333: Außen BH *einwickeln* (*bāo*). Die Bedeutung *einpacken, einhüllen* wird bei einem Blick auf die archaische Schreibung des Zeichens noch evidenter . Häufiger Familienname.

Nr. 334: In der Langform oben BH *Dach* 宀, was auf die ursprgl. Bedeutung *im Hause Ordnung schaffen* verweist. Ob die geläufige Interpretation, die erweiterte Bedeutung sei dann *in seinen Gedanken Ordnung schaffen*, haltbar ist, sei dahingestellt. Auf jeden Fall eine anregende Merkhilfe: schreiben = Ordnung in seine Gedanken bringen. Die untere Komponente ist AH *yè* und bezeichnete eine *Elster*. Die Versuche, *Elster* mit *schreiben* in Verbindung zu bringen, erscheinen mir alle zu forciert. Im Kurzzeichen (*jiǎntǐzì*) ist davon ohnehin nichts mehr zu erkennen. Die abschließenden vier Punkte in der Langform werden zu einem Strich verkürzt (vgl. Nr. 194). Achten Sie bei diesem Zeichen besonders auf die Strichfolge!

Nr. 335: Links BH *Mensch* (*rén*), rechts *Worte/reden* (*yán*). Ein Mensch steht zu seinem Wort, man kann ihm vertrauen. Ein Mann, ein Wort. *Yán*: unten ein Mund, daraus „blubbern" Wörter hervor.

Nr. 336: Rechts BH *Axt* (*jīn*, vgl. Nr. 285), links AH *zhēn* (*Haselstrauch*). Mit Haselruten wurden Verbrecher ausgepeitscht; die mußten mit der *Axt frisch* geschlagen sein. Zumindest eine Merkhilfe.

写信

Übungen zu Lektion 27

1. *Die folgenden Zeichen werden auch als Familiennamen verwendet. Unter a) sind die gebräuchliche-ren, unter b) die selteneren aufgelistet. Lesen Sie die Zeichen laut und markieren Sie die Töne:*

   a) 王, 张, 李, 傅, 包, 方, 古, 金, 钱, 谢, 史, 关, 元, 毛, 马, 米, 贝, 杭, 左, 商, 熊, 司, 钟, 师, 游, 龙

   b) 国, 英, 老, 习, 文, 和, 车, 水, 安, 相

   Als Anredeformen können Sie schreiben: 先生 xiānsheng *für einen Herrn,* 女士 nǚshì *für eine Dame,* 小姐 xiǎojiě *für eine unverheiratete junge Frau,* 老师 lǎoshī *für eine Lehrerin bzw. einen Lehrer und* 师傅 shīfu *für einen männlichen oder weiblichen Angestellten, Handwerker usw. Schreiben Sie:*

   a) Zhāng Lǎoshī   b) Qián Nǚshì   c) Wáng Xiǎojiě   d) Shǐ Shīfu   e) Xiè Xiānsheng

   f) Bāo Lǎoshī   g) Shī Nǚshì   h) Gǔ Shīfu   i) Lǐ Lǎoshī   j) Máo Xiānsheng

2. *Sehen Sie, welches Zeichen mit welchem kombiniert ein Wort ergibt:*

   1) 皮   2) 邮   3) 附   4) 旁   5) 特   6) 客   7) 事   8) 例

   a) 近   b) 情   c) 别   d) 鞋   e) 气   f) 边   g) 如   h) 局

3. *Welches Objekt paßt zu welchem Verb?*

   1) 写   2) 看   3) 喝   4) 等   5) 换   6) 见   7) 吃   8) 睡   9) 起

   a) 茶   b) 面   c) 信   d) 觉   e) 床   f) 饭   g) 钱   h) 车   i) 书

4. *Organisieren Sie die 24 Zeichen zu acht dreisilbigen Wörtern:*
   飞, 行, 行, 天, 园, 员, 自, 星, 旅, 机, 物, 物, 服, 书, 馆, 馆, 车, 务, 动, 博, 期, 图, 票, 社

5. *Lesen Sie die Wörter und schreiben Sie sie ab, wobei Sie sie jeweils um das in Klammern angegebene Verb ergänzen:*

   a) 博物馆 (besichtigen)   d) 出租汽车 (rufen)

   b) 自行车 (fahren)   e) 故宫 (besichtigen)

   c) 火车票 (kaufen)   f) 汉语 (sprechen)

故宫博物院   ￥: 3.00   当日有效

6. *Erweitern Sie mit den bekannten Zeichen Ihren Wortschatz:*

a) 日记 g) 口号 m) 五花八门 s) 新年

b) 口语 h) 起子 n) 古典 t) 新闻

c) 口琴 i) 人民大会堂 o) 文学 u) 新月

d) 口水 j) 爱国 p) 古典文学

e) 口才 k) 社会 q) 字典

f) 口吃 l) 对面 r) 新房

五花八门

红 绿 灯 往 拐 过 开

红	hóng	乙	乡	纟	纟一	纟工	红		紅
337.	rot								
绿	lǜ	纟	纟フ	纟ユ	纟ユ	纟ヨ	纟ヨ	纟录	綠
338.	grün	绿							
灯	dēng	`	ソ	ゾ	火	火一	灯		燈
339.	Laterne Lampe								
往	wǎng wàng	彳	彳′	彳′	彳′	彳主	往		
340.	gehen in Richtung								
拐	guǎi	扌	扌	扌ロ	扌ヨ	拐			
341.	abbiegen Krücke								
过	guò	一	十	寸	辶	辽	过		過
342.	überqueren								
开	kāi	一	二	干	开				開
343.	öffnen								

路南山听休息

		lù	口	𠯢	𧿨	𧿨	足	𧾷	跤	
路		Straße (Name)	路							
344.		nán	一	十	十	冉	冉	南	南	
南		Süden (Name)	南							
345.		shān	丨	山	山					
山		Berg (Name)								
346.		tīng	口	叮	叮	听	听			聽
听		hinhören								
347.		xiū	亻	休						
休		ruhen								
348.		xī	丿	亻	竹	自	自	息	息	
息		rasten atmen	息	息						
349.										

Nr. 337: Links BH *Seide* (*sī*, vgl. Nr. 210), rechts AH *gōng* (*arbeiten*, vgl. Nr. 65). *Rot* ist in China die Farbe der Freude, und bei vielen freudigen Anlässen verwendet man rote Seide. *Seide* rot einzufärben, erfordere *Arbeit*, lautet daher ein – angestrengter – Erklärungsversuch. Kaum mehr als eine Merkhilfe.

Nr. 338: Links BH *Seide* (*sī*), rechts AH *lù* (*schnitzen*).

Nr. 339: Links BH *Feuer* (*huŏ*, vgl. Nr. 152), rechts im Kurzzeichen (*jiăntĭzì*) AH *dīng* (vgl. Nr. 221). Im Langzeichen (*fántĭzì*) AH *dēng* (*besteigen*).

Nr. 340: Links BH *schreiten* (*shuāng rén páng*), rechts der AH, der uns in seiner heutigen Schreibung die Aussprache *zhŭ* (vgl. Nr. 80) vermuten läßt. Chang Tsung-tung zeigt bei seiner Analyse von Orakelinschriften, daß 王 (*wáng*) AH ist. Nr. 340 als Verb im 3., als Präpostion im 4. Ton.

Nr. 341: Links BH *Hand* (*tí shŏu páng*), rechts *extra* (*lìng*). *Lìng* mag, für uns heute nicht mehr erkennbar, AH gewesen sein, auf jeden Fall ein suggestiver AH, wenn man an die Grundbedeutung von *guăi* = *Krücke* denkt: Ein *Extra*, nach dem die *Hand* des Alten beim Gehen greift.

Nr. 342: Unten BH *gehen*, oben (in der Langform) AH *guă* (*ausgerenktes Gelenk*), in der – nicht erst mit der Schriftreform eingebürgerten – Kurzform ist *guă* durch *cùn* (*Zoll*) ersetzt.

Nr. 343: Außen im Langzeichen (*fántĭzì*) BH *Tor* (*mén*), darin zwei Hände 廾, die den Riegel 一 vom Tor entfernen, in der Siegelschriftform noch schöner zu erkennen: 開. Das Innere der Langform wurde Kurzzeichen (*jiăntĭzì*).

Nr. 344: Links BH *Fuß* (*zú*, vgl. Nr. 212), rechts *jeder* (*gè*). Merkhilfe: Straße = etwas, auf das jeder seinen Fuß setzt.

Nr. 345: Uns vertraut in diesem Zeichen die Komponenten *zehn* 十 (*shí*) und *Schild* 干 (*gān*), die aber beide (auch wenn *nán* dem Radikal *zehn* zugeordnet wird) etymologisch nichts mit *nán* zu tun haben. In der Siegelschrift 㡄 geschrieben, interpretiert Wilder: Ort üppigen Pflanzenwachstums. Die Grenzen dieser Stätte, durch 冂 / 冂 markiert, werden von den Pflanzen immer wieder überwuchert. Chang Tsung-tung weist auf Guo Moruos These hin, nach der *nán* als Orakelinschrift Piktogramm einer Glocke sei: 豈.

Nr. 346: Selber Radikal. Piktogramm eines *Berges*: 山 in der Orakelschrift, 屾 in der Siegelschrift.

Nr. 347: Die Kurzform besteht aus BH *Mund* und AH *jīn* (*Axt*). Plausibler die Langform, in der Sie als BH *Ohr* 耳 (*ĕr*) erkennen. Zur rechten Komponente vgl. Nr. 32.

Nr. 348: Besonders schönes Beispiel einer Verbindung zweier BH (*huìyì*): Links ein *Mensch*, rechts ein *Baum*: ausruhen = im Schatten eines Baumes rasten.

Nr. 349: Unten BH *Herz* (*xīn*), oben AH *zì* (*selber*), der ursprgl. *Nase* (vgl. Nr. 51) bedeutete und insofern sehr suggestiv ist. Während *xī* traditionell dem Radikal *xīn* zugeordnet wird, ordnen es neuerdings manche Wörterbücher unter *zì* ein. Merkhilfe: Die *Nase* verschafft dem *Herzen* Sauerstoff.

红绿灯

台灯

过生日

135

1. *Die vier Himmelsrichtungen:*

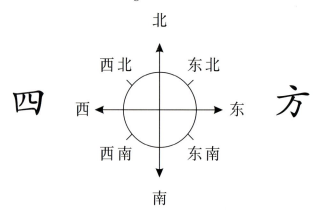

2. *Machen Sie sich bewußt, inwieweit sich die Zeichen voneinander unterscheiden und ergänzen Sie die Aussprache:*

   a) 别 / 拐   b) 灯 / 订   c) 自 / 息   d) 住 / 往

3. *Das Zeichen* 京 *jīng bedeutet „Hauptstadt". Es gibt eine nördliche, eine südliche und eine östliche Hauptstadt. Letztere liegt allerdings in Japan und liest sich auf japanisch Tōkyō. In der der Táng-Zeit (618-906) lag Chinas Hauptstadt im Westen, hieß aber nicht Xījīng sondern Cháng'ān* 长 安. *Heute heißt diese Stadt Xī'ān („Westlicher Friede", in unseren Atlanten oft noch* Sian *geschrieben). Ein Blick auf die Karte Taiwans zeigt Ihnen, daß vier Großstädte der Insel in wörtlicher Übersetzung bedeuten: „Im Norden Taiwans", „im Süden Taiwans", „im Osten Taiwans", „in der Mitte Taiwans".*

   Schreiben Sie die Namen folgender Städte in Schriftzeichen:

Peking	Nanking	Tōkyō	Xī'ān
Tiānjīn	Hángzhōu	Táiběi	Táinán
Táidōng	Táizhōng		

4. *Erweitern Sie Ihren Wortschatz. Die folgenden neuen Wörter und Redensarten bestehen aus Zeichen, die Sie schon gelernt haben. Beachten Sie, wie vielseitig* 开 *kai verwendet wird:*

a) 口红	g) 开会	m) 水开了	s) 开门见山
b) 山东	h) 开车	n) 开火	t) 出路
c) 山西	i) 开飞机	o) 开工	u) 路口
d) 山地	j) 开灯	p) 开关	v) 十字路口
e) 山口	k) 开方子	q) 开花	w) 路边
f) 山水	l) 开水	r) 开绿灯	x) 路上

5. *Zu welchem Pfeil paßt welcher der drei in Zeichen geschriebenen Hinweise?*

a) 往右拐
b) 往左拐
c) 往前走

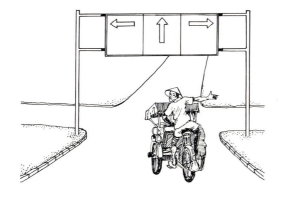

6. *Hier in chinesischen Zeichen der Lektionstext von Lektion 11. Lesen Sie ihn laut, transkribieren Sie ihn in Pinyin und übertragen Sie ihn dann zurück in Schriftzeichen:*

a) A: 小龙, 我找我写的信。 你知道在哪儿吗?

　　B: 在桌上, 你看, 就 (jiù) 在你的眼 (yǎn) 镜 (jìng) 下面。

　　A: 哎 (āi) 哟 (yo), 我真糊 (hú) 涂 (tu), 没戴 (dài) 眼 (yǎn) 镜 (jìng)。 谢谢你。
　　　　小龙, 我去邮局了。

　　B: 好, 我在家。

b) A: 小王, 我想骑骑你昨天买的自行车。

　　B: 车在外面。 你去骑吧 (ba)!

　　A: 车子在房子前面吗?

　　B: 不, 在后面。

　　A: 好, 我去骑了。

　　B: 小李, 等一下!

　　A: 什么事?

　　B: 你没拿钥 (yào) 匙 (shi)。 钥 (yào) 匙 (shi) 还在我的皮包里, 我去拿。

　　A: 我在门口等你。

c) A: 师傅, 我想看看那个暖水瓶。

　　B: 哪个? 这个吗?

　　A: 不, 旁边的那个。

　　B: 左边的吗?

　　A: 不, 右边的。

　　B: 我知道了... 你看看! ... 怎么样 (yàng)?

　　A: 不错。 多少钱?

　　B: 八块九。

　　A: 好, 我买这个。 对了, 我需要几张邮票。 这儿附近有邮局吗?

　　B: 有。 我们对面就 (jiù) 有一个小邮局。

d) A: 安丽, 我想看一看你在新华 (huá) 书店买的那本字典。

B: 对不起, 字典现在不在我这儿, 在玛 (Mǎ) 莉 (lì) 那儿。 你可以去
她那儿拿。

A: 她住在几楼? 房间几号?

B: 四楼, 四零六号。

A: 好。 那么, 我现在去她那儿。

Auf einer Mauer in Nanking: *Gǔlóu rénmín ài Chángchéng*
Chángchéng yǒng zài wǒ xīn zhōng
(*Die Bevölkerung des Stadtteils Gǔlóu liebt die Große Mauer,
die Große Mauer wird ewig in meinem Herzen sein*)

愁	次	从	待	夫	久	留

愁 350.	chóu	禾	秋	愁					
	melancho-lisch bekümmert								
次 351.	cì	㇍	㇀	㇉	㇉	次	次		
	mal zweitrangig								
从 352.	cóng	ノ	人	从					從
	folgen von...her								
待 353.	dài dāi	彳	往	待					
	warten weilen								
夫 354.	fū	一	二	走	夫				
	Ehemann								
久 355.	jiǔ	ノ	夕	久					
	lange								
留 356.	liú	㇛	幺	幺	幻	幻	留		
	bleiben								

庙头玩孝迎远							

		miaò	丶	宀	广	广	宀	庙	庙
庙 357.		Tempel	庙	庙					
头 358.		tóu	丶	丷	三	头	头		頭
		Kopf							
玩 359.		wán	二	王	王	玗	玕	玗	玩
		spielen sich amüsieren							
孝 360.		xiào	土	耂	孝				
		Pietät Kindes- pflicht							
迎 361.		yíng	丿	乚	幻	印	卬	迎	
		begrüßen							
远 362.		yuǎn	二	丌	元	远			遠
		fern							

天津 ⇌ 汉城　　一、三、六往返

Hier wird für eine Flugverbindung zwischen einer nordchinesischen
Stadt und der südkoreanischen Hauptstadt Seoul geworben.
Welcher chinesischen Stadt? Und wie heißt Seoul auf chinesisch?

Nr. 350 : Unten BH *Herz* (xīn), oben AH *qiū* (*Herbst*), der sich selber wiederum aus *Hirse* 禾 (*hé*) und *Feuer* 火 (*huǒ*) zusammensetzt, ein ungemein suggestiver AH, denn wie ließe sich *melancholisch* besser übersetzen denn als *herbstlich gestimmt*? Wobei in *chóu* durchaus jene Wohligkeit mitschwingt, mit der die Einsicht in die Vergänglichkeit genossen werden kann.

Nr. 351 : Rechts BH *schulden/unzulänglich* (qiàn). Was in der heutigen Schreibung wie das Radikal *Eis* 冫 aussieht, ist eigentlich *zwei* 二 (*èr*); die Sache ist also gekennzeichnet durch einen Mangel, der sie als zweitrangig erscheinen läßt.

Nr. 352 : Im Kurzzeichen (*jiǎntǐzì*) sehen Sie zwei *Menschen* hintereinander herlaufen; auch dieses Kurzzeichen ist älter als die Schriftreform. Das Langzeichen (*fántǐzì*) besteht aus drei Komponenten, von denen die linke Radikal (*shuāng rén páng*) ist, in der oberen rechten finden Sie die beiden Menschen wieder, darunter *stehenbleiben*, also: zwei Menschen, die gemeinsam gehen und stehenbleiben. *Cóng* heißt auch im übertragenen Sinne *folgen = gehorchen*.

Nr. 353 : Links BH *schreiten* (*shuāng rén páng*), rechts der uns wenig hilfreiche AH *sì* (*Tempel*).

Nr. 354 : BH *groß* 大 (*dà*); der zusätzliche Strich soll darauf hinweisen, daß der junge Mann bereits Haarnadel und Kappe trägt, d.h. im heiratsfähigen Alter ist. Verwechseln Sie das Zeichen nicht mit *tiān* 天 (*Himmel*, vgl. Nr. 118).

Nr. 355 : Wilder interpretiert das Siegelschriftzeichen als: ein Mann, der durch eine Schleppe beim Gehen behindert wird, er braucht also länger, um seinen Weg zurückzulegen.

Nr. 356 : Unten BH *Reisfeld* 田 (*tián*), oben AH *liu*, ursprgl. Bild einer Doppelaxt. Nr. 356 in der Grundbedeutung: ein braches Feld, ein Feld, das unbeackert *bleibt*.

Nr. 357 : Kurz- wie Langform außen BH *Überdachung* (*yǎn*), AH des Langzeichens (*fántǐzì*) ist *zhāo* (*Morgenfrühe*), auch *cháo* gelesen, wenn damit der *Kaiserhof* gemeint ist, zu dem sich die Beamten in den ersten Morgenstunden zur Audienz begaben. Merkhilfe: Tempel = überdachter Ort, an dem die Götter zur Audienz empfangen.

Nr. 358 : In der Langform rechts BH *Kopf/Seite* (*yè*), links AH *dòu* (*Bohne*). Dabei ist der BH ursprgl. das Bild eines Kopfes bzw. Gesichts auf einem Menschen 𩑋 , der AH das Bild eines Sakralgefäßes. Die Kurzform kann leicht mit *dǒu* 斗 verwechselt werden, einem Hohlmaß.

Nr. 359 : Links BH *Jade* (*yù*), rechts AH *yuán* (*anfänglich*, vgl. Nr. 190).

Nr. 360 : Dieses Zeichen hatten wir als AH von *jiāo* (vgl. Nr. 33) kennengelernt. Unten BH *Sohn* (*zǐ*), oben AH *lǎo* (*alt*), ein ungemein suggestiver AH, da mit *xiào* eben die von Liebe und Respekt geprägte Haltung benannt ist, die der Sohn den Eltern gegenüber einzunehmen hat. *Xiào* ist <u>der</u> zentrale Begriff in der konfuzianischen Ethik, und es läßt sich noch heute kaum etwas Verheerenderes über jemanden sagen als, er sei nicht *xiào*.

Nr. 361 : Unten BH *gehen*, oben AH *áng* (*hoch, vornehm*). Merkhilfe: begrüßen = sich auf den Weg machen, einen vornehmen Besucher zu empfangen.

Nr. 362 : Unten BH *gehen*, in der Kurzform AH *yúan* (*anfänglich*, vgl. Nr. 190), in der Langform AH *yuán* (*Amtstracht*).

Sun Yatsen-Nordstraße

Übungen zu Lektion 29

1. *Unterscheiden Sie und notieren Sie Aussprache und Bedeutung:*

   a) 等　　待

   b) 孝　　教

   c) 元　　玩　　远

   d) 大　　夫　　天

2. *Verwechseln Sie nicht die Radikale „Mensch"* 亻 *(rén zì páng) und „einen Schritt mit dem linken Fuß machen"* 彳 *shuāng rén páng. Mit letzterem haben wir bisher folgende Zeichen kennengelernt:*
   得, 德, 待, 往, 很
   Langenscheidts Handwörterbuch Chinesisch *ordnet auch* 行 *und* 街 *unter diesem Radikal ein. Traditionell ist* 行 *xíng ein eigenes Radikal und besteht aus* 彳 *„einen Schritt mit dem linken Fuß machen" und* 亍 *„einen Schritt mit dem rechten Fuß machen". Lesen Sie die Zeichen:*
   休, 往, 住, 待, 傅, 很, 候, 得, 例, 德, 街, 们, 行
   Ergänzen Sie in den nachfolgenden Sätzen ein passendes Zeichen mit dem Radikal (shuāng rén páng):

   a) 对不起, 我 ＿＿＿ 走了。

   b) 这条 ＿＿＿ 没有邮局。

   c) 他学习 ＿＿＿ 文。

   d) 北京饭店 ＿＿＿ 远。

   e) ＿＿＿ 右拐！

   f) 我在东京 ＿＿＿ 了两个星期。

   g) 这辆新自 ＿＿＿ 车是你的吗?

3. *Mit dem Radikal „gehen"* 辶 *kennen Sie inzwischen folgende Zeichen:*
   远　迎　过　边　近　迹　这　道　还
   Notieren Sie die Aussprache (Töne!) und setzen Sie in den nachfolgenden Sätzen das passende Zeichen mit diesem Radikal ein:

   a) 欢 ＿＿＿ 你们到我家来。

   b) 邮局附 ＿＿＿ 有一个银行。

   c) ＿＿＿ 儿不能 ＿＿＿ 马路。

   d) 我也不知 ＿＿＿ 钱先生住在哪儿。

e) 你们今天 ＿＿ 是明天去参观西安的古 ＿＿?

f) 到飞机场很 ＿＿,我们最好坐出租汽车去。

g) 你看,图书馆旁 ＿＿ 是历史博物馆。

Um 2 Uhr nachts schreckt Frau Lǐ aus einem haarsträubenden Alptraum. Was hat Sie geträumt?
Ordnen Sie die Zeichen zu einer grammatisch korrekten Schreckensvision:

4. *Hier der Text von Lektion 12 aus* Langenscheidts Praktischem Lehrbuch Chinesisch *in chinesischen Zeichen. Lesen Sie ihn laut, transkribieren Sie sodann die Zeichen in Pinyin (Töne!) und die Pinyin-Fassung zurück in Zeichen:*

a) A: 请问,到莫 (Mò) 愁路怎么走?

B: 你要走路啊 (a)! 走路很远。

A: 要走多久?

B: 从这儿走要半个钟头。 你坐车吧!

A: 是不是坐电车?

B: 电车也到那儿,不过要换车,不如坐公共汽车。

A: 坐几路?

B: 坐三路。

A: 在哪儿上车?

B: 车站在前面。 往前走,过一条马路,就 (jiù) 到了。

A: 在哪站下车?

B: 就 (jiù) 在莫 (Mò) 愁路站下。

A: 对不起,你知不知道哪儿有邮局?

B: 中山路有。

A: 路远不远?

B: 不太远。 你先往前走,到了十字路口,往左拐,再往前走,
到了第二个红绿灯,往右拐,再走三,四分钟,就 (jiù) 到了。

A: 邮局中午是不是也开门?

B: 对。 他们中午不休息。

A: 好。 谢谢!

B: 不谢!

b) A: 你是不是留学生?

B: 是的。 我在北京学习。

A: 啊 (A),你是从北京来的! 欢迎,欢迎!

B: 谢谢! 我第一次到南京来。 可惜 (xí) 只能待一个星期。
听说南京好玩的地方很多,是不是?

A: 可不是! 明孝陵 (líng) 你游览了没有?

B: 还没有。 我后天去。

A: 你知道不知道怎么去?

B: 我的一个朋友陪我去。 他是南京人。

A: 今天天气这么好,去夫子庙的人一定很多。

B: 在那儿我只想待一个小时。 你能不能等我?
我还要去南京博物馆。

A: 行,没问题 (tí)。

Ein kleines Restaurant in Nanking mit dem poetischen Namen
Tīng yǔ lóu fàndiàn (*Restaurant,
in dem man dem Regen lauscht*).

青	松	翻	译	乒	兵	球

青 363.	qīng	二	キ	主	青	青			
	grün blau								
松 364.	sōng	才	木	松	松	松			
	Pinie (Name)								
翻 365.	fān	⺍	⺍	平	采	番	番	番	
	umdrehen übersetzen	翻	翻						
译 366.	yì	讠	记	讥	译	译			譯
	übersetzen								
乒 367.	pīng	⼃	⼂	仁	亇	丘	乒		
	(lautmale-risch)								
兵 368.	pāng	兵							
	(lautmale-risch)								
球 369.	qiú	王	王	封	玗	球	球	球	
	Kugel Ball	球							

伦 敦 胶 卷 支 钢 笔

伦	lún	亻	伀	伀	伦				倫
	zwischen-menschliche Beziehungen								
敦	dūn	亠	古	享	享	享	敦	敦	
	aufrichtig								
胶	jiāo	月	肚	胪	胶				膠
	Leim Gummi								
卷	juǎn juàn	ᵛ	丷	半	关	卷	卷		
	einrollen Buch, Band								
支	zhī	一	十	支	支				
	unterstützen Zähleinheitswort								
钢	gāng	丿	钅	钔	钌	钢	钢		鋼
	Stahl								
笔	bǐ	丿	丄	午	午	竹	竹	竺	筆
	Schreib-werkzeug	笃	笔						

370.
371.
372.
373.
374.
375.
376.

眼 镜 兴 隆 钥 匙 华								

眼 377.	yǎn	丨	月	目	目丿	目丿	目ヨ	眼
	Auge	眼	眼					
镜 378.	jìng	钅	钅宁	镜	镜			鏡
	Spiegel							
兴 379.	xīng xìng	ヽ	ヽヽ	ヽヽヽ	业	兴	兴	興
	gedeihen Lust							
隆 380.	lóng	了	阝	阝	阝夂	阡	隆	
	erhaben feierlich	隆	隆	隆				
钥 381.	yào	钅	钥					鑰
	Schlüssel (immer mit Nr. 382)							
匙 382.	chí shǐ	日	旦	旦	早	早	是	是
	Löffel Schlüssel (mit 381)	匙	匙					
华 383.	huá Huà	亻	化	化	华	华		華
	prächtig China (Name)							

就 陵 莫 惜 永 莉 巧

		jiù	亠	古	亨	亨	京	京	就	
384.	就	also schon gemäß	就	就						
385.	陵	líng	阝	阝	阞	陕	陕	陵	陵	
		Hügel Mausoleum								
386.	莫	mò	一	艹	苩	茞	莫	莫		
		niemand Prohibitiv (Name)								
387.	惜	xī	丶	丷	忄	忄一	忄廿	惜	惜	
		bedauern								
388.	永	yǒng	丶	㇇	才	永	永			
		ewig								
389.	莉	lì	荣	莉						
		Jasmin								
390.	巧	qiǎo	工	工一	巧					
		geschickt								

饺		戴	秦		俑	糊		涂	聊	

饺	jiǎo chines. Ravioli	ノ	⺈	乞	饣	饮	饺		餃
391.									
戴	dài tragen (Hut) aufsetzen (Name)	土 戴	吉 戴	吉	靑	壴	壴	戴	
392.									
秦	qín Qin-Dynastie (Name)	三	声	夫	表	表	秦		
393.									
俑	yǒng Figurine	亻	亻	亻	俨	俏	俏	俑	
394.									
糊	hú Klebstoff	⺍	⺌	半	米	米	粘	糊	
395.									
涂	tú beschmieren	氵	氵	汵	氺	涂			塗
396.									
聊	liáo plaudern	一 耵	丆 耵	丌 聊	耳	耳	耵	耴	
397.									

舅	打	约	哟	哎	啊阿	呢

舅 398.	jiù Onkel	丿 臼	𠂉 臼	𠂉 臼	𠂉丁 舅	𠂉日 舅	臼	臼	
打 399.	dǎ schlagen	一	丁	扌	扛	打			
约 400.	yuē vereinbaren	ㄥ	纟	纟	纠	约	约	約	
哟 401.	yō Interjektion oh, au	口	哞	哟					
哎 402.	āi Interjektion des Erstaunens	口	口艹	哎	哎				
啊阿 403.	ā Interjektion Sprecher ist überrascht	口	叼	叩	叩一	叩一	啊	啊	
呢 404.	ne Satzschluß- partikel	口	叮	口コ	叨	呢	呢		

吧									
	bǎ	口ㄱ	口コ	叨	吧				
	Satzschluß-partikel								

吧	bǎ	口ㄱ	口コ	叨	吧				
	Satzschluß-partikel								
伞	sǎn	八	人	仐	仐	伞			伞
	Schirm								
翰	hàn	十	古	卓	斡	斡	翰	翰	
	Pinsel	翰							
糟	zāo	米	米一	籿	粐	粨	糟	糟	
	Trester	糟							
糕	gāo	米	米ソ	粎	粎	糕	糕		
	Kuchen								
玛	mǎ	王	王丁	玛	玛				瑪
	Achat								

405.
406.
407.
408.
409.
410.

411. 卫	wèi	ㄋ	ㄗ	卫					衛
	beschützen Garde								
412. 谁	shéi shuí	丶	讠	讠	讠	讠	谁	谁	誰
	wer	谁							

Nr. 363 : Kann in unterschiedlichen Verbindungen und Kontexten *grün, blau* oder auch *schwarz* heißen. In jedem Fall bezeichnet *qīng* aber eine kräftige, leuchtende Farbe. Das Zeichen ist selber Radikal. Die untere Komponente, die wie *Mond* aussieht, schreibt sich eigentlich 丹 und bedeutet *Zinnober (dān)*, die obere ist ursprgl. 生 (*shēng*, vgl. Nr. 26), wie sich aus der archaischen Schreibung schließen läßt.

Nr. 364 : Links BH *Baum/Holz (mù)*, rechts AH *gōng* (vgl. Nr. 261).

Nr. 365 : Links AH *fān*, rechts BH *Federn (yǔ)*.

Nr. 366 : Links BH *sprechen (yán)*, rechts der als eigenständiges Zeichen nicht mehr existierende AH.

Nr. 367/
368 : Beide Zeichen lautmalerisch. Das Hin und Her des Tischtennisballs wie eine Form der visuellen Lautmalerei, am jeweils letzten Strich der beiden Zeichen abzulesen. Das Zeichen 兵 (*bīng*) bedeutet *Soldat*, so daß man als Merkhilfe bei *pīngpāng* an den Zeitvertreib zweier einbeiniger Soldaten denken könnte.

Nr. 369 : Links BH *Jade (yù)*, rechts AH *qiú*.

Nr. 370 : Links BH *Mensch (rén)*, rechts AH *lún*.

Nr. 371 : Rechts BH *schlagen*, links *xiǎng (empfangen, genießen)*, das selber aus *über* 亠, *Mund* 口 und *Sohn/Kind* 子 besteht.

Nr. 372 : Links BH *Fleisch (ròu)*, rechts AH *jiāo*.

Nr. 373 : Unten BH, eine Variante von *Hand (shǒu)*, oben der als selbständiges Zeichen nicht mehr existierende AH.

Nr. 374 : Selber ein Radikal. Ursprgl. 㲋 geschrieben, eine Hand, die einen Zweig abbricht.

Nr. 375 : Links BH *Metall (jīn)*, rechts AH *gāng*.

Nr. 376 : Im Kurzzeichen (*jiǎntǐzì*) oben BH *Bambus (zhú)*, unten BH *Körperbehaarung*, eine einprägsame Verbindung, wenn man bedenkt, daß der Pinselstil aus Bambus, die Pinselspitze aus tierischem Haar (z.B. Dachshaar) hergestellt wird. Im Langzeichen (*fántǐzì*) ist die untere Komponente 聿 *Pinsel* und auch selber ein Radikal.

Nr. 377 : Links BH *Auge (mù)*, rechts AH *gèn* (vgl. Nr. 170).

Nr. 378 : Links BH *Metall (jīn)*, rechts AH *jìng*.

Nr. 380: Links BH *Erdhügel* (*fù*), rechts AH *lóng*.

Nr. 381: Links BH *Metall* (*jīn*), rechts im Kurzzeichen (*jiǎntǐzì*) AH *yuè* (*Mond*), im Langzeichen (*fántǐzì*) AH *yò*. Nr. 381 wird allein nicht verwendet, immer in Verbindung mit Nr. 382.

Nr. 382: Links AH *shì* (vgl. Nr. 23), rechts BH *Löffel* (*bǐ*).

Nr. 383: Das Langzeichen (*fántǐzì*) urspgl. wohl Piktogramm einer Blume. Das ist auch die Grundbedeutung des Zeichens. Erst später wird *Blume* mit Nr. 276 geschrieben. Die Kurzform besteht aus zwei Ihnen bekannten Komponenten, unten *zehn* 十, oben als AH *huà* 化 (*verändern*, AH auch in Nr. 276). *Huà* ist ein häufiger Familienname und wird oft als Abkürzung für *Zhōnghuá* 中华 verwendet, die förmliche Bezeichnung für *China* als einer politischen Einheit.

Nr. 384: Rechts BH *krummes Schienbein* (*wāng*). Die verbale Grundbedeutung von *jiù* ist *sich hinbegeben*. In der linken Komponente des Zeichens erkennen Sie die *Hauptstadt* (*jīng*, vgl. Nr. 67) wieder.

Nr. 385: Links BH *Erdhügel* (*fù*), rechts der AH, der eigenständig nicht mehr verwendet wird.

Nr. 386: Oben BH *Gras* (*cǎo*). Das Zeichen gliedert sich in *Gras, Sonne* und *groß*.

Nr. 387: Links BH *Herz* (*xīn*), als linker Bestandteil eines Zeichens mit drei Strichen geschrieben (vgl. Nr. 171), rechts AH *xī*, der möglicherweise etwas von seiner Bedeutung *in alten Zeiten* in das Zeichen einbringt. Merkhilfe: bedauern = das Herz hängt alten Zeiten nach.

Nr. 388: BH *Wasser*, was überaus einprägsam ist.

Nr. 389: Oben BH *Gras*, der ja auch für Kräuter, Blumen usw. benutzt wird. Unten AH *lì* (*Profit, Vorteil*), der selber aus (links) *Hirse* und (rechts) *Messer* besteht.

Nr. 390: Links BH *Arbeit* (*gōng*, vgl. Nr. 65), rechts AH *qiǎo*.

Nr. 391: Links BH *essen* (*shí*), rechts AH *jiāo* (*verbinden*). Merkhilfe: Was verbindet mehr als ein gemeinsames Jiǎozi-Essen?

Nr. 392: Ein kompliziertes Zeichen aus 17 Strichen, das vor Ihrem inzwischen trainierten Blick in die Ihnen bekannten Komponenten *zehn* 十, *Feld* 田, *gemeinsam* 共 und *Speer* 戈 zerfällt.

Nr. 393: Unten BH *Hirse*, oben AH.

Nr. 394: Links BH *Mensch* (*rén*), rechts AH *yǒng*. Nr. 394 bezeichnet als Grabbeigaben verwendete Figuren aus Holz und Ton.

Nr. 395: Links BH *Reis* (*mǐ*) als Hinweis auf das Material, aus dem Leim gewonnen wurde. Rechts AH *hú* (*Nordbarbar*), der sich selber zusammensetzt aus (links) *gǔ* (vgl. Nr. 275) und *ròu* (*Fleisch*), was in der heutigen Schreibung wie *Mond* aussieht.

Nr. 396: Links BH *Wasser* (*sān diǎn shuǐ*), rechts AH *yú*.

Nr. 397: Links BH *Ohr* (*ěr*), rechts AH *mǎo*.

Nr. 398: Die obere Komponente, selber ein Radikal, ist hier AH *jiù*. Darunter das Zeichen *Mann* (*nán*), das selber aus zwei BH besteht: oben *Feld* 田, unten *Kraft* 力, d.h. der Mann definiert sich als Mann über die Kraft, die er auf dem Feld einsetzt.

Nr. 400: Links BH *Seide* (*sī*), was plausibel erscheint: eine *Vereinbarung* bindet wie ein Seidenfaden. Die rechte Komponente liest sich *sháo*, ist also wohl kein AH. *Sháo* ist *Löffel* und deutet laut Wilder auf das Festessen hin, mit dem eine Vereinbarung gefeiert wurde.

Nr. 401: Links BH *Mund* (*kǒu*), rechts Nr. 400 als AH.

Nr. 402: Links BH *Mund* (*kǒu*), rechts AH *ài*.

Nr. 403: Links BH *Mund* (*kǒu*), rechts AH 阿.

Nr. 404: Links BH *Mund* (*kǒu*), rechts AH *ní* (*buddhistische Nonne*).

Nr. 405: Links BH *Mund* (*kǒu*), rechts AH *bā*.

Nr. 406: Die archaische Schreibung 伞 spricht dafür, daß *sǎn* urspgl. ein Piktogramm war. BH des Zeichens in seiner heutigen Schreibung ist *Mensch* (*rén*). Im Langzeichen (*fántǐzì*) sehen Sie vier Menschen.

Nr. 407: Links AH, heute nicht mehr selbständig verwendet. Untere Komponente im rechten Teil und BH ist *Federn* (*yǔ*).

Nr. 408: Links BH *Reis* (*mǐ*), da Alkohol in China oft aus Reis gewonnen wird. Rechts AH *cáo*, ein bekannter Familienname.

Nr. 409: Links BH *Reis* (*mǐ*), was einen an Reiskuchen denken läßt. Rechts AH *gāo*.

Nr. 410: Links BH *Jade* (*yù*), rechts AH *mǎ*.

Nr. 411: Im Langzeichen (*fántǐzì*) sind die beiden äußeren Komponenten 行 BH *gehen* (*xíng*), von ihnen eingeschlossen der AH *wèi*. Im Kurzzeichen (*jiǎntǐzì*) ist *Amtsabzeichen* 卩 (*jié*) BH.

Nr. 412: Links BH *sprechen* (*yán*), rechts AH *zhuī*.

Übung zu Lektion 30

Am Ende unseres Zeichenkurses können Sie zwar noch nicht alles lesen, was Ihnen bei Ihren Spaziergängen durch Chinas Straßen auf hundert Schildern und tausend Graffitis kundgetan wird, aber wo die für Sie richtige Bushaltestelle ist, können Sie schon herausfinden. Und manches mehr. Versuchen Sie, soviel wie möglich auf den beiden Schildern an der Haltestelle des Busses Linie 205 in Peking zu entschlüsseln.

Lösungen zu den Übungen

Lektion 2

1. Zhōngguórén 中国人, Fǎguórén 法国人, Rìběnrén 日本人。
2. a) bù 不 b) gè 个, běn 本
3. a) Wǒ bú shi Rìběnrén. 我不是日本人。 b) Tā shi Fǎguórén. 她是法国人。

Lektion 3

1. a) Tā shi Yīngwén lǎoshī ma? Bú shi Yīngwén lǎoshī.
   b) Nǐ xuéxí Déwén ma? Shì de.
   c) Tā shi xuésheng ma? Bú shi xuésheng, shi lǎoshī.
2. a) 你 b) 他 c) 德 d) 吗 e) 的 f) 四 g) 国 h) 学 i) 英

Lektion 4

1. a) Zhè shi Zhōngguó. Zhè shi Déguó. Zhè shi Yīngguó ma? Shì.
      Zhè shi Fǎguó ma? Shì de. Zhè shi Rìběn ma? Duì.
   b) Wǒ shi Wáng Měiyù. Wǒ shi Zhōngguórén. Wǒ shi lǎoshī. Wǒ jiāo Zhōngwén.
   c) Tā shi Shǐ Dàwèi. Tā shi Yīngguórén. Tā shi xuésheng. Tā xuéxí Yīngwén hé Zhōngwén.
   d) Tā shi Bèi Ānlì. Tā shi Déguórén. Tā shi fānyì. Tā fānyì Zhōngwén hé Yīngwén.
   e) Wáng Měiyù jiāo Zhōngwén ma? Shì de. Bèi Ānlì fānyì Zhōngwén hé Yīngwén ma? Duì.
   f) Nǐ shi Fǎguórén ma? Bú shì. Nǐ shi Yīngguórén ma? Bù, wǒ shi Déguórén.
   g) Tā xuéxí Rìwén ma? Bù / Bú shì. Tā xuéxí Fǎwén ma? Bù, tā xuéxí jīngjì hé Zhōngwén.
2. a) Wáng xiānsheng hé Zhāng nǚshì xuéxí Déwén.
   b) Zhè ge Yīngguó xuésheng xuéxí Fǎwén.
   c) Zhè sì ge Rìběn lǎoshī jiāo shénme? Jiāo Rìwén.
   d) Tā de Zhōngwén lǎoshī shi Zhōngguórén ma?
      Bú shì, shi Déguórén.
   e) Nǐ jiào shénme míngzi? Wǒ jiào Wáng Déběn.
3. 1c), 2d), 3e), 4f), 5a), 6b)
4. shí, shì, shī, shì
5. Durch *Mund* (kǒu): 1. 叫, 和, 名, 吗 2. Durch *Mensch* (rén): 你, 什, 他

Lektion 5

1. a) Tā yǒu jǐ ge háizi?
   b) Wáng nǚshì méi yǒu zìxíngchē.
   c) Zhè liǎng ge Rìběnrén jiào shénme míngzi?
2. Zhōngwén lǎoshī *Chinesischlehrer* (Zhōngguó lǎoshī *chinesischer Lehrer*)
3. Bèi nǚshì yǒu yí ge nǚ'ér, tā jiào Jenny. Jenny xǐhuan qí zìxíngchē. Tā yǒu liǎng liàng zìxíngchē.
   Nǐ jiào shénme míngzi? Wǒ jiào Zhāng Xiǎolóng.
   Zhè shi shénme? Zhè shi xiǎotíqín. Wǒ xǐhuan lā xiǎotíqín. Nǐ xǐhuan zuò shénme?
   Wǒ xǐhuan dǎ pīngpāngqiú. Nǐ xǐhuan dǎ pīngpānqiú ma?
   Xǐhuan. Nǐ yǒu pīngpāngqiú ma? Yǒu. Nǐ yǒu jǐ ge? Liǎng ge.
   Wǒ yǒu bā ge.

Lektion 6

1. a) háizi 孩子　b) túshūguǎn guǎnyuán 图书馆馆员　c) gōngzuò 工作　d) zìxíngchē 自行车　e) Běijīngrén 北京人　f) xuéxí 学习　g) lǎoshī 老师　h) xiānsheng 先生　i) míng-zi 名子

2. Zhāng nǚshì zuò shénme gōngzuò? Tā shi túshūguǎn guǎnyuán. Tā zài Běijīng gōngzuò.
Zhè liǎng ge Fǎguó xuésheng zài Běijīng xuéxí Zhōngwén ma? Shì de.
Wáng lǎoshī méi yǒu háizi ma? Yǒu háizi, tā yǒu yi ge érzi, liǎng ge nǚ'ér.

Lektion 7

1. a) Nǐ rèn**shi** 识 tā māma ma? Hái bú rèn**shi** 识.　b) Tā nǚ'ér **zài** 在 Běijīng xuéxí **Hàn** 汉 yǔ.
c) Zhāng **lǎo** 老 shī méi yǒu zì**xíng** 行 chē.　d) Wǒ érzi zài Fǎguó 国 xuéxí Fǎwén 文.
e) Wáng xiānsheng zhùzài **Běi** 北 jīng ma? **Shì** 是 de.　f) Bèi Yīngdé jié**hūn** 婚 le ma? Hái **méi** 没 yǒu jié**hūn** 婚.　g) Tāmen zài tú**shū** 书 guǎn gōng**zuò** 作.

2. 1d), 2c), 3e), 4a), 5b)

Lektion 8

1. a) Wáng Měiyù jiéhūn le. Tā àirén xìng Zhāng, jiào Shùdé. Tā shi túshūguǎn guǎnyuán. Xiǎolóng shi tāmen de érzi. Tāmen zhùzài Běijīng.

   b) Shǐ Dàwèi shi Wáng Měiyù de xuésheng. Shǐ xiānsheng hái méi jiéhūn. Tā Bàba Māma zhùzài Lúndūn. Tā yǒu yí ge gēge, yí ge mèimei.

   c) A: Nǐ hǎo! B: Nǐ hǎo! A: Nǐ guì xìng? B: Wǒ xìng Bèi. Nǐ guì xìng? A: Wǒ xìng Zhāng. Nǐ shi nǎguórén? B: Wǒ shi Déguórén. Zhāng xiānsheng, nǐ zuò shénme gōngzuò? A: Wǒ shi túshūguǎn guǎnyuán. B: À, nǐ shi Wáng lǎoshī de àirén! A: Duì. Nà shi wǒmen de érzi Xiǎolóng. B: Wǒ rènshi Xiǎolóng ... Wǒ yǒu yí ge nǚ'ér. A: À, nǐ jiéhūn le! Nǐ àirén hé háizi zài Běijīng ma? B: Bù, tāmen zài Déguó. A: Tāmen zhùzài nǎr? B: Tāmen zhùzài Fǎlánkèfú. A: Nǐ de Hànyǔ zhēn hǎo! B: Nǎli, nǎli.

Lektion 9

1. a) Die ersten vier Zeichen: ma, kě, gē, yuán; Zusammensetzungen: kěyǐ 可以, gēge 哥哥, túshūguǎn guǎnyuán 图书馆馆员.
   Die zweiten vier Zeichen: hé, míng, shāng, xǐ; Zusammensetzungen: míngzi 名字, shāngdiàn 商店, xǐhuan 喜欢.

   b) Lesung: nǚ, tā, hūn, hǎo, mā, xìng, mèi, yào; Zusammensetzungen: nǚshì 女士, nǚ'ér 女儿, jiéhūn 结婚, Māma 妈妈, mèimei 妹妹.

   c) Lesung: fǎ, méi, hàn, jì; Zusammensetzungen: Fǎguó 法国, Fǎwén 法文, Fǎguórén 法国人, méi yǒu 没有, Hànzì 汉字, Hànyǔ 汉语.

2. a) Wǒ (de) háizi yào qù Běijīng xuéxí Hànyǔ. b) Nǐ xiǎng qù nǎ ge shāngdiàn mǎi shū? c) Bèi xiānsheng yào lái kàn wǒ ma? d) Tā zhēn xǐhuan zhàoxiàng. e) Zhèr kěyǐ zhàoxiàng ma?

3. a) ér, jǐ, jiǔ. Tā yǒu jǐ ge háizi? Jiǔ ge. Zhēnde ma?
   b) le, zǐ, zì. Wáng lǎoshī de háizi xué le liùshíjiǔ ge Hànzì.

4. 1f), 2c), 3a), 4b), 5g), 6e), 7d)

Lektion 10

1. a) Nǐ míngtiān wǎnshang yǒu kòng ma? Méi yǒu kòng, wǒ yào qù kàn Wáng xiānsheng.

   b) Nǐ jīntiān xiàwǔ yào zuò shénme? Wǒ xiǎng qù Běijīng Shūdiàn mǎi shū.

   c) Wǒ xiǎng qù kàn Bèi lǎoshī. Tā shénme shíhou yǒu kòng?

   Tā jīntiān bú zài jiā, nǐ kěyǐ míngtiān qù.

2. Sānshíwǔ ge Rìběnrén yào lái wǒmen jiā xuéxí Zhōngwén.

Lektion 11

1. a) Bèi Ānlì xǐhuan zhàoxiàng. Tā méi yǒu jiāojuàn le. Tā jīntiān méi yǒu kè. Tā yào qù mǎi liǎng juǎn(r) jiāojuàn.

   b) Shǐ Dàwèi xǐhuan hē kāfēi. Tā méi kāfēi le. Jīntiān tā méi kòng. Tā xiǎng míngtiān qù Yǒuyì Shāngdiàn mǎi kāfēi.

   c) A: Ānlì, nǐ qù nǎr? B: Wǒ méi jiāojuàn le. Wǒ yào qù mǎi jiāojuàn. A: Nǐ qù Yǒuyì Shāng-diàn ma? B: Bù, wǒ qù Bǎihuò Shāngdiàn mǎi. Nǐ xūyào shénme? A: Wǒ méi yǒu kāfēi le. B: Wǒ yǒu kāfēi. Nǐ yào yìxiē ma? A: Hǎo. Wǒ kěyǐ jīntiān wǎnshang lái ná ma? B: Kěyǐ. Jīn-tiān wǎnshang wǒ zài jiā. A: Tài hǎo le. Xièxiè. B: Bú kèqi.

   d) A: Māma, wǒ xūyào yì zhī gāngbǐ. Wǒmen xiàwǔ kěyǐ qù mǎi ma? B: Jīntiān xiàwǔ wǒ méi kòng. Shǐ xiānsheng yào lái wǒmen jiā. A: Tā lái zuò shénme? B: Tā lái kàn wǒmen. A: Wǒmen shénme shíhou qù mǎi gāngbǐ? B: Wǒmen míngtiān xiàwǔ qù. A: Hǎo.

2. Allen Zeichen ließe sich als linke Komponente das Radikal yán 讠 *sprechen* als Bedeutungshin-weis voranstellen. Sie lesen sich dann: xiè *danken*, rèn *erkennen*, yǔ *Sprache*, kè *Unterricht*, shí *kennen*, yì *Freundschaft*.

   Verbindungen: xièxiè 谢谢, rènshi 认识, Hànyǔ 汉语, shàngkè 上课, xiàkè 下课, yǒuyì 友 谊.

   c) Im ersten Ton: ān 安 und jiā 家, im vierten zì 字 und kè 客.

   Unter der Karikatur, die im Zusammenhang mit einer Kampagne für mehr Höflichkeit in Pe-king publiziert wurde, steht: Māma, tāmen zài kàn shénme ya? (*Mama, wonach gucken denn die Leute?*) Man kritisiert also, daß niemand bereit ist, der Mutter mit ihrem Kind einen Sitz-platz zu überlassen.

Lektion 12

1. A: Dìdi 弟弟, B: Mèimei 妹妹, C: Jiějie 姐姐, D: Gēge 哥哥, E: Bàba 爸爸, F: Māma 妈 妈.

2. a) Wáng Xiǎolóng èrshíliù **suì** 岁, hái **méi** 没 yǒu **jié** 结 hūn. b) Tā **shi** 是 wǒ de hǎo **péng** 朋 yǒu. c) Xiàn**zài** 在 jǐ diǎn? Xiàn**zài** 在 wǔdiǎn 点 bàn, wǒmen qù Yǒuyì Shāng**diàn** 店 mǎi kāfēi, hǎo ma? d) Wǒmen jiǔ diǎn chà yí **kè** 刻 shàng kè. e) Huǒ**chē** 车 zhàn **zài** 在 nǎr? f) Tā jīntiān xià**wǔ** 午 méi yǒu **kòng** 空, tā yào qù Bǎihuò **shāng** 商 diàn gōngzuò. g) Nǐ xiǎng hē **shén** 什 me? h) Zhāng Měilì **xué** 学 xí shénme? Tā **xué** 学 xi **jīng** 经 jì hé Fǎ**wén** 文. i) Wǒ**men** 们 kě**yǐ** 以 zài nǎr jiàn**miàn** 面? j) Tā hé tā mèimei **zhù** 住 zài Běijīng. Liǎng **ge** 个 rén zài Běijīng de yì jiā **Bǎi** 百 huò shāngdiàn **gōng** 工 zuò.

3. 1c), f)   2d), g)   3a), h)   4b), e)

Lektion 13

1. a3), b6), c1), d7), e8), f2), g4), h9), i5)

2. a) sì, tú, guó b) mén, nǐ, zuò, zhù, tā, rén, shén, zuò, hòu c) jiě, yào, mèi, xìng, mā, hǎo, hūn, tā, jiē d) rì, shì, hūn, zhào, míng, wǎn, shí, xīng, yǐng e) tái, diǎn, zhàn, kè, ná, kā, fēi, hē, xǐ, diàn, shāng, kě, gē, zhào, fú, nǎ, yǔ, shí, má, jiào, míng, jīng, yuán, jié f) ān, kè, zì, jiā, yì g) kè, dào h) diǎn, zhào i) jīn, hàn, méi, jì j) dà, tài, měi k) xíng/háng (zì**xíng**chē, aber: yín**háng**), dé l) xiāng/xiàng, xiǎng, kàn

3. a) Zhè shi shéi? Zhè shi Wáng lǎoshī de dìdi. Tā jiào Wáng Sōngqīng. Sōngqīng èrshíjiǔ suì, hái méi jiéhūn. Tā shi jìzhě, xiànzài zhùzài Tiānjīn. Sōngqīng jīntiān lái Běijīng kàn tā jiějie. Wáng lǎoshī shàngwǔ shí diǎn sān kè yào qù huǒchēzhàn jiē tā.

   b) A: Ānlì, Ānlì! B: À, Wáng lǎoshī, nǐ hǎo! A: Nǐ hǎo! Nǐ lái huǒchēzhàn zuò shénme? B: Lái jiē yí ge péngyou, nǐ ne? A: Wǒ lái jiē wǒ dìdi. B: Nǐ yǒu yí ge dìdi a! Tā duō dà? A: Tā èrshíjiǔ suì. Duìbuqǐ, xiànzài jǐ diǎn? B: Xiànzài shíyī diǎn chà sì fēn. Nǐ dìdi de huǒchē jǐ diǎn dào? A: Shíyī diǎn wǔ fēn. Duìbuqǐ, wǒ xiànzài děi qù zhàntái. Wǒmen míng-tiān jiànmiàn. B: Míngtiān? Míngtiān xīngqījǐ? A: Míngtiān xīngqīliù. Wǒmen yào qù kàn diànyǐng a!

4. a) Bǎihuò shāngdiàn 百货商店 b) zài jiàn 再见 c) huǒchēzhàn 火车站 d) diànyǐng 电影 e) kèqi 客气 f) kāfēi 咖啡 g) xīngqī 星期 h) Tiānjīn 天津 i) péngyou 朋友 j) xǐhuan 喜欢 k) jīngjì 经济 l) zhàoxiàng 照相

Lektion 14

1. a) hěn 很 b) bù 不 c) yě 也, bù 不 d) tèbié bù 特别不 e) yě 也, hěn 很 f) hái bù 还不

2. a) Wǒ jīntiān xiàwǔ liǎng diǎn bàn cái shàng kè. b) Nǐmen jǐdiǎn chīfàn? c) Wǒ zhīdao tā míng-tiān hěn máng (oder: tā zhīdao, wǒ ...) d) Wǒ Māma tèbié xǐhuan gēge. e) Wǒmen zhōngwǔ xiǎng qù chī chuāncài. f) Yǒu kòng de shíhou, wǒ yào qù kàn zhè ge Yīngguó diànyǐng (oder: Wǒ yǒu kòng de shíhou, yào qù ...) g) Tiānjīn yě yǒu Yǒuyì Shāngdiàn ma? h) Tāmen zhēn kèqi. i) Duìbuqǐ, wǒ wǎnshang bú zài jiā. j) Wáng lǎoshī jiāo jīngjì hé Déwén.

3. Rìwén – Rìběn / Déguó – Déwén / Fǎwén – Fǎguó / Yīngguó – Yīngwén / Zhōngwén – Zhōngguó.

Lektion 15

1. 1g), 2e), 3j), 4a), 5i), 6b), 7d), 8c), 9h), 10f)

2. a) Zhè běn shū tài **guì** 贵 le, wǒ bu mǎi. b) Bèi lǎoshī de nǚ'ér zhēn **měi** 美. c) Tā de Zhōngwén tèbié **hǎo** 好. d) Wǒ de liǎng ge háizi hái **xiǎo** 小. e) Duìbuqǐ, wǒ jīntiān tèbié **máng** 忙, méi yǒu kòng. f) Tā xué le shíwǔ ge Hànzì, zhēn bù **duō** 多. g) Zhè shuāng xié hěn **piányì** 便宜. h) Nà jiā fàndiàn zuì **dà** 大. i) Xièxie nǐ! – Bú **kèqi** 客气!

   (Dies sind nicht die einzig möglichen Kombinationen)

3. a) A: Dìdi, duìbuqǐ, jīntiān wǒ hěn máng, bù néng péi nǐ. B: Méi guānxi. Wǒ shàngwǔ yào qù Běijīng Dàxué kàn yí ge péngyou. Wǒ kěyǐ yí ge rén qù. A: Xiàwǔ nǐ zuò shénme? B: Wǒ yào qù mǎi yì shuāng xié. Wǒ zuì hǎo qù nǎ jiā xiédiàn mǎi? A: Zuì hǎo nǐ qù Yǒnghé Xiédiàn. Tāmen de xiézi tèbié hǎokàn. B: Xiézi guì ma? A: Bú guì, hěn piányì. B: Xiédiàn zài nǎ tiáo jiē? A: Zài Dōng-Xīnglóng-Jiē. B: Wǒ bù zhīdao zhè tiáo jiē. Méi guānxi, wǒ yǒu dìtú. Wǒ qù ná.

b) Nǐ kàn, Dōng-Xīnglóng-Jiē zài zhèr. A: Bú shì, zhè shi Xī-Xīnglóng-Jiē. B: À, zài zhèr! A: Duì, jīntiān wǎnshang wǒmen yìqǐ qù fàndiàn chī fàn, zěnmeyàng? B: Hǎo, qù nǎ jiā fàndiàn? A: Shùdé xǐhuan chī Sìchuān cài. Wǒmen qù Sìchuān fàndiàn, hǎo ma? B: Tài hǎo le. Wǒ yě ài chī Sìchuān cài. A: Āiyō, jiǔ diǎn le! B: Xiànzài cái bā diǎn, bú shi jiǔ diǎn. A: Wǒ zhēn hútu, shì bā diǎn! Shí diǎn wǒ cái yǒu kè. Nàme, wǒ kěyǐ xiān qù shìchǎng mǎi yì xiē cài.

Lektion 16

1. a) Liù kuài (yuán) sì 六块 (元) 四 b) Bābǎi liùshíjiǔ kuài (yuán) 八百六十九块 (元)
   c) Shí'èr kuài (yuán) 十二块 (元) d) Bā máo (jiǎo) sì 八毛 (角) 四 e) Sānshí'èr kuài (yuán) wǔ 三十二块 (元) 五 f) Shíqī kuài (yuán) jiǔ máo (jiǎo) wǔ 十七块 (元) 九毛 (角) 五
   g) (Der große Topf) Èrshísān kuài (yuán) qī 二十三块 (元) 七 (der kleine Topf) Shíjiǔ kuài (yuán) bā máo (jiǎo) wǔ 十九块 (元) 八毛 (角) 五 (*Zusammen* yígòng) Sìshísān kuài (yuán) wǔ máo (jiǎo) wǔ 四十三块 (元) 五毛 (角) 五

2. a) Shi Déguó qián. Bú shi Rénmínbì, shi Mǎkè 是德国钱。不是人民币, 是马克。
   b) Shi èrshí Mǎkè 是二十马克 (bzw. èrshí kuài).

3. 1. Kunde: Zhè shí běn Yīngwén shū wǔ kuài liù máo bā.
   Verkäufer: Zhè běn Yīngwén shū bāshíliù kuài wǔ máo.
   2. Kunde: Nà shuāng xiézi shí'èr yuán sì jiǎo jiǔ.
   Verkäufer: Nà shuāng xiézi jiǔshí yuán sì jiǎo èr.
   3. Kunde: Zhè qī ge běnzi liǎng kuài.
   Verkäufer: Zhè liǎng ge běnzi qī kuài.
   4. Kunde: Zhè jiǔ ge cài wǔ kuài bā máo.
   Verkäufer: Zhè wǔ ge cài jiǔ kuài bā máo.

Lektion 17

1. (Von oben nach unten): Yīngguó 英国, Déguó 德国, Fǎguó 法国

2. a) Běijīng 北京 b) Tiānjīn 天津 c) Xī'ān 西安 d) Hángzhōu 杭州 e) Rìběn 日本 f) Táiběi 台北 g) Sìchuān 四川

3. a) Qián xiānsheng míngtiān xiǎng zuò huǒchē qù Hángzhōu. 钱先生明天想坐火车去杭州。
   b) Zhè zhǒng sīchóu guì ma? 这种丝绸贵吗? Bú guì, hěn piányì 不贵, 很便宜。
   c) Qǐngwèn, zhè zhǒng sīchóu yì mǐ duōshao qián? 请问, 这种丝绸一米多少钱? Yì mǐ jiǔ kuài qī. 一米九块七。
   d) Nín xiǎng mǎi zhè zhǒng liàozi de ma? 您想买这种料子的吗? Shi zhēn sī de ma? 是真丝的吗? Shì de, shì zhēn sī de. 是的, 是真丝的。
   e) Nǐ yào yí ge rén qù Běijīng ma? 你要一个人去北京吗? Wǒ bù xiǎng yí ge rén qù, wǒ gēn Wáng xiānsheng yìqǐ qù. 我不想一个人去, 我跟王先生一起去。

4. a) sī, jīng, jié, chóu b) bié, kè, dào c) qǐng, rèn, shí, yǔ, xiè d) mǎ, mà, mā e) rì, míng, zhào, hūn, wǎn, xīng, zuì.

7. a) Ānlì xiànzài zài yì jiā yínháng. Tā zài nàr huàn qián.

A: Nín hǎo. B: Nín hǎo! Wǒ yào huàn qián, huàn Déguó Mǎkè. A: Nín yào huàn duōshao? B: Jīntiān yì Mǎkè shi duōshao Rénmínbì? A: Sānbǎi wǔshíliù yuán èr jiǎo qī fēn. B: Wǒ huàn liǎngbǎi wǔshí Mǎkè. A: Hǎo ..., yígòng shi qībǎi yìshí'èr kuài wǔ máo sì fēn.

b) A: Lìlì, wǒ xūyào jǐ mǐ sīchóu. Nǐ néng péi wǒ qù mǎi ma? B: Zhēn qiǎo! Wǒ xiànzài yào qù Xīdān Bǎihuò Shāngchǎng mǎi dōngxi. Nàr yě yǒu sīchóu. Nǐ kěyǐ gēn wǒ qù. A: Hǎo, wǒmen zuò gōnggòng-qìchē qù ma? B: Bù, wǒmen zuò diànchē.

c) Ānlì xiànzài zài Xīdān Bǎihuò Shāngchǎng. Tā zài nàr mǎi liàozi.

A: Qǐngwèn, zhè xiē liàozi shi Hángzhōu sīchóu ma? B: Zhè xiē bú shì. Hángzhōu sīchóu zài zhèr. A: Zhè zhǒng zhēn hǎokàn! Yì mǐ duōshao qián? B: Zhè zhǒng yì mǐ èrshí'èr kuài bā máo jiǔ. A: Bú guì. Nàme, wǒ mǎi jiǔ mǐ. Yígòng duōshao qián? B: Yígòng liǎngbǎi líng liù kuài yì fēn.

Lektion 18

1.

2. a) Wǒ yào zǒu le. / Tā shi nǐ péngyou ma? b) Nǐ yào zuò fēijī qù Hángzhōu ma? c) Qǐngwèn, zhè shi nǐmen de fángjiān ma?

3. a) Dōngjīng *Tokio* b) Dōng Běi *Mandschurei* c) guójiā *Staat, Land* d) fángzi *Haus* e) fànguǎn *Restaurant* f) chàbùduō *in etwa, ungefähr* g) kěshì *aber* h) kě'ài *liebenswert, nett, niedlich* i) jiēdào *Straßen* j) kèwén *Lektionstext* k) huòbì *Währung* l) fēnbié *trennen, unterscheiden* m) xīngxing *Stern* n) shūdiàn *Buchladen* o) xiédiàn *Schuhgeschäft* p) shāngrén *Händler, Kaufmann* q) shìxiān *zuvor, im voraus* r) chēchǎng *Parkplatz* s) chējiān *Werkstatt* t) chēdào *Fahrspur* u) chēmén *Wagentür* v) chēqián *Fahrgeld* w) chēzi *Wagen* x) diàngōng *Elektriker, Elektrotechnik* y) diànjī *Elektromaschine* z) diànlù *Stromkreis* aa) diànmén *Stromschalter* ab) diàntái *Rundfunkstation* ac) chēzhào *Zulassung fürs Fahrzeug* ad) huǒxīng *Mars, Funken*
Schreiben Sie diese Wörter jetzt in chinesischen Zeichen!

Lektion 19

1. (von oben nach unten) lǚxíng, yín**háng**, zìxíngchē, lǚxíngshè

2. chēpiào, huǒchēpiào, diànyǐngpiào, fēijīpiào. Die diànyǐngpiào kauft man besser nicht für die erste Reihe.

4. 1. Wǒ zhǎo nǐ le. 2. Dìdi xiànzài shàng dì jǐ jié kè?

5. liǎng **jié** kè, Sìchuān**cài**, hē **chá**

6. a) shàng(ge) xīngqī *letzte Woche* b) xià(ge) xīngqī *nächste Woche* c) ménpiào *Eintrittskarte* (für Zoo, Park, Museum usw.) d) fànpiào *Essensmarke* e) càidān *Speisekarte* f) xíngrén *Fußgänger* g) rénxíngdào *Bürgersteig* h) réngōng *künstlich (von Menschen gemacht)* i) rénshì *Person, Persönlichkeit* j) rényuán *Personal, Belegschaft*

7. Dì bā kè

a) A: Lìlì, nǐ chī wǔfàn le ma? B: Chī le. Nǐ hái méiyǒu chī ma? A: Hái méiyǒu. Wǒ xiànzài qù shítáng. Zāogāo, liǎng diǎn sān kè le, shítáng guān mén le! Nǐ xiànzài qù nǎr? B: Wǒ méi kè le. Wǒ yào gēn Ānlì qù yóuyǒng.

b) A: Wáng lǎoshī, nǐ xiàkè le ma? B: Xià le. Wǒ jīntiān shàng le wǔ jié kè. Qǐng zuò! Yào hē diǎnr chá ma? A: Xièxie, bú yòng. Wǒ mǎshang děi zǒu. Wǒ zuótiān zhǎo nǐ, nǐ bú zài. B: Zuótiān wǒ méi lái dàxué. Nǐ yǒu shénme shìqing? A: Wǒ xià xīngqī yào gēn yí ge péngyou qù Xī'ān, bù néng lái shàngkè. B: Méi guānxi. Xià xīngqī wǒmen zhǐ shàng dì shí'èr kè. Zhè kè bù nán. Nǐmen zuò huǒchē qù Xī'ān ma? A: Bù, zuò fēijī. Wǒmen dìng le fēijīpiào le. B: Dìng fángjiān le ma? A: Méiyǒu. Wǒ xiànzài yào qù lǚxíngshè dìng. Tāmen wǔ diǎn guān mén. Wǒ děi zǒu le. B: Āiyō, xià yǔ le! A: Méi guānxi, wǒ yǒu yǔsǎn.

Lektion 20

1. jiàn – jiàn miàn
   xiàn – xiànzài
   jiào – shuìjiào

2. Die fünf Zeichen:
   diàn, chuáng, ān, yí, kè

5. a) tiāncái *Genie* b) tiānguó *Paradies* c) tiāntáng *Paradies* d) tiānkōng *Himmel (sky)* e) tiānhuā *Pocken, Blattern* f) tiānshēng *angeboren* g) tiāntiān *Tag für Tag* h) tiānzǐ *Kaiser* (Himmelssohn) i) tiānzhēn *naiv* j) tiānxià *unterm Himmel = auf Erden* k) tiānwén *astronomisch* l) tiānwénxué *Astronomie* (die Lehre von den Mustern am Himmel) m) tiānwénxuéjiā *Astronom* n) tiānwéntái *Sternwarte* o) Tiān'ānmén *Tor des Himmlischen Friedens* (in Peking)

3.

自	行	车
图	书	馆
美	国	人
火	车	站
飞	机	票
星	期	六
人	民	币
一	个	人
旅	行	社

Lektion 21

1.

		明	上							东			
我	后	天	上	午	要	跟	他	一	起	去	北	京	大	学
			课						床				习

2. (a) 1C, 2F, 3H, 4A, 5J, 6D, 7K, 8B, 9G, 10E
   (b) 11N, 12L, 13P, 14R, 15S, 16O, 17T, 18M, 19Q

3. 1D, 2A, 3E, 4C, 5B

4. 1C, 2A, 3E, 4B, 5G, 6D, 7F, 8K, 9H, 10I

5. a) gōng'ān *öffentliche Sicherheit* b) gōng'ān rényuán *Sicherheitsbeamter* c) gōnggong (Anrede f. d. Großvater väterlicherseits) *Opa* d) gōngyuán *unserer Zeitrechnung, u. Z., n. Chr., z.B.* 公元 649 年 *649 n. Chr.* e) gōngdào *Gerechtigkeit* f) gōngfēn *Zentimeter* g) gōnglǐ *Kilometer* h) gōngmín *Bürger* i) gōngshè *Kommune* (人民公社 *Volkskommune*) j) gōnglù *Landstraße* k) gōnggòng *öffentlich* (im Sinne einer öffentlichen Einrichtung) l) gōngdé *öffentliche Moral, Gemeinsinn*

Lektion 22

1. Hángzhōu (Hauptstadt der Provinz Zhèjiāng/Chekiang)
   hángkōng-gōngsī *Fluggesellschaft*

2. hé *und/Harmonie*, zū *mieten*, zhǒng/zhòng *Sorte/pflanzen*, xiāng/xiàng *einander/Aussehen*, shù *Baum*, háng *Hángzhōu*, jī *Maschine*, tiáo (ZEW), běn *Wurzel, Ursprung*.

3. jiē *empfangen*, huàn *wechseln, tauschen*, zhǎo *suchen*, lā *ziehen*, tí *heben*, ... tè in tèbié *besonders*.

4. zài *sich befinden*, táng *Halle*, dì *Erde*, shè *Gesellschaft*, zhě (Nominalisierungspartikel), lǎo *alt*, jiāo/jiào *lehren/Lehre*, zǒu *gehen*.
   shì *Gelehrter*, jié *verknüpfen*, xǐ *Freude*

5. zài nǎr = zài nǎli = zài shénme dìfang?

Nǐ zài nǎr	gōngzuò?	Tā zhùzài nǎr?
Nǐ zài nǎli	gōngzuò?	Tā zhùzài nǎli?
Nǐ zài shénme dìfang gōngzuò?		Tā zhùzài shénme dìfang?

6. a) dàxuéshēng *Student/in* b) gònghé *republikanisch* c) gònghéguó *Republik* d) Rénmín gòng-héguó *Volksrepublik* e) lǐmiàn *darin* f) kànjiàn *sehen* (kàn *hinsehen*) g) sījī *Fahrer, Chauffeur* h) lǚyóu *reisen* i) fāngmiàn *Aspekt, Hinsicht* j) fāngfǎ *Methode* k) fāngbiàn *angenehm, bequem* (das Zeichen 便 kennen wir aus 便宜, wo es allerdings pián gelesen wird) l) fāngkuàizì *chinesi-sche Schriftzeichen* (wörtl. *viereckige Zeichen*; weil sie alle gleichermaßen ein Kästchen ausfüllen sollen) m) jìdé *sich erinnern* n) jìzhù *sich etwas merken* o) jìhào *Markierung* p) tíqǐ *erwähnen* q) tíyào *Inhaltsangabe, Zusammenfassung* r) tízǎo *früher als geplant*

7. a) A: Xiǎolóng, qǐchuáng! Wǒmen chī zǎofàn le! B: Wǒ hái yào shuìjiào. B: Bù xíng, wǒmen yào péi nǐ jiùjiu qù Gùgōng. Bú yào shuì le! B: Hǎo, hǎo, wǒ qǐlái.

   b) A: Zǎo, Xiǎolóng! B: Jiùjiu zǎo! Wǒ hái xiǎng shuìjiào. A: Wǒ yě hái xiǎng shuì. Wǒ zuótiān yèli yì diǎn cái huílai de. B: Zhēn de?! Nǐ zěnme huílai de? A: Zuò chūzū-qìchē huílai de. C: Nǐmen bié zhǐ liáotiān! Chīfàn le! Wǒmen mǎshang děi zǒu le.

   c) A: Wáng lǎoshī! B: Ā, Dàwèi, nǐ hǎo! A: Nǐ hǎo, nǐ yí ge rén ma? B: Wǒ bú shi yí ge rén lái de. Wǒ dìdi hé Xiǎolóng yě lái le. Nǐ kàn, tāmen zài nàr zhàoxiàng. A: Ā, Xiǎolóng yě huì zhàoxiàng! B: Shì tā jiùjiu jiāo tā de. Duì le, nǐ hé nǐ péngyou nǎ tiān qù Xī'ān? A: Hòutiān qù. B: Wǒmen míngnián yě xiǎng qù Xī'ān. Nǐ shi zài lǚxíngshè dìng fēijīpiào de ma? B: Bú shì, shi zài Dōngfāng Hángkōng-gōngsī dìng de. B: Nǐmen jǐ hào huílai? A: Shíyuè èr hào. Āiyō, rén zhēn duō! B: Kěbúshì! Nǐ chī wǔfàn le ma? A: Hái méiyǒu. B: Wǒmen yào qù chī jiǎozi. Nǐ gēn wǒmen yìqǐ qù ba! A: Hǎo, xiànzài shíyī diǎn bàn. Wǒmen shí'èr diǎn yí kè zài zhèr jiànmiàn, hǎo ma? B: Hǎo, shuōdìng le.

Lektion 23

1. gǔ *alt* (wie in gǔlǎo *alt, uralt*), gù *einstig, ehemalig* (wie in gùgōng *ehemaliger Kaiserpalast*)
   jiàn *wahrnehmen* (wie in kànjiàn *sehen*, jiànmiàn *treffen, begegnen*)
   guān *schauen* (wie in cānguān *besichtigen*)
   xiàn *gegenwärtig* (wie in xiànzài *jetzt*)

2. a) jiào *rufen*, kě *können*, gē *älterer Bruder*, shāng *Handel*, kā + fēi *Kaffee*, tái *Plattform, Terrasse*, chī *essen*, zhǐ *nur*, hào *Nummer*, hē *trinken*, ma (Fragepartikel).
   hé *und/Harmonie*, míng *Name*, xǐ *Freude*, wèn *fragen*, hòu *Kaiserin/hinter*, sī *verwalten*, gǔ *alt*.

   b) sì *vier*, guó *Land, Reich*, tú *Bild, Karte*, huí *zurückkehren*, yuán *Garten*.

c) 1) Zhè **sì** ge Déguórén qù kàn diànyǐng. 2) Qǐng**wèn**, nǐ **xǐ**huan **hē kāfēi** ma? 3) Nǐ **gēge jiào** shénme **míng**zi? 4) Zài zhè jiā fàndiàn **zhǐ** néng **chī** Sìchuān cài. 5) Wǒ péngyou yào qù cānguān Xī'ān de **gǔ**jī. 6) Tā bú zài **shāng**diàn gōngzuò, zài **tú**shūguǎn gōngzuò. 7) Běijīng yǒu yí ge hěn dà de, hěn yǒu**míng** de dòngwù**yuán**. 8) Wǒmen xiànzài **kěyǐ huí**qù **ma**? 9) Tā dìdi zài **Tái**běi de yì jiā hángkōng-gōng**sī** gōngzuò. 10) Lú shang de qìchē **hé** zìxíngchē zhēn duō!

3. a) Lǎo Zǐ (Daoistischer Philosoph) b) Dào Dé Jīng (Die klassische Schrift von Dào und Dé; als Verfasser wird traditionell Lǎo Zǐ genannt) c) ài miànzi (Wert auf „Gesicht" legen, d.h. Wert darauf legen, daß der andere sich so verhält, daß es mein Selbstwertgefühl stärkt.) d) gǔrén *die Alten, Vorfahren* e) gōngyuán *Park* (wörtl. *öffentl. Garten*) f) huāyuán *Garten* (wörtl. *Blumengarten*) g) càiyuán *Gemüsegarten* h) huāhuā gōngzǐ *Playboy, junger Lebemann* i) huāshēng *Erdnuß* j) bóshì *Doktor* (als akad. Titel; wie jede Anredeform, dem Namen nachgestellt, also: 王博士 *Dr. Wáng*) k) rénwù *Persönlichkeit* l) dà rénwù *große Persönlichkeit, großes Tier* (人物 also immer mehr auf die gesellschaftl. Stellung bezogen als auf das Wesen des Menschen) m) rénshēn *Ginseng* (was sonst cān gelesen wird, hier shēn) n) guāndiǎn *Gesichtspunkt* o) dòngjī *Motiv* p) dòng rén (bewegt den Menschen) *anrührend* q) dòngzuò *Bewegung* r) rìjì *Tagebuch* (wörtl. *tägliche Notizen*) s) lóushang *im Stockwerk darüber* t) lóuxià *im Stockwerk darunter*; auch: *im Parterre*

In dem Haus der oberste: Tā zhùzài sān lóu 他住在三楼。

die mittlere: Tā zhùzài èr lóu 她住在二楼。

der unterste: Tā zhùzài yì lóu (lóu xià) 他住在一楼 (楼下)。

Lektion 24

1. a) qiān *1000*, gān/gàn *trocken/tun* b) zuò *machen*, zuó *gestern*

2. Radikal **yǔ**: yǔ *Regen*; líng *Null*; xū *brauchen, bedürfen*

   Radikal **jīn**: jīn *Metall, Gold*; zhōng *Glocke, Uhr*; yín *Silber*; qián *Geld*

   Radikal **dāo**: kè *schnitzen/Viertelstunde*; bié *sich trennen / (Prohibitiv): tu's nicht!*; fēn *Teil/Minute*; cè *Toilette*

3.

4. a) jīhuì *Gelegenheit* b) shūfǎ *Kalligraphie* (书 hier in seiner alten verbalen Bedeutung *schreiben*; wörtl. *Methode des Schreibens*) c) yǔfǎ *Grammatik* (wörtl. *Gesetze der Sprache*) d) fǎyǔ *Französisch* e) gōngrén *Arbeiter* f) lánhuā *Orchidee* g) Lánzhōu (Hauptstadt der Provinz Gānsu in NW-China) h) dìngzuò *anfertigen lassen* (z.B. Kleidung) i) dìngyǔ *Attribut* j) gāncài *Dörrgemüse* k) Jīnmén (die der Provinz Fújiàn vorgelagerte, von Táiwān regierte Insel Quemoy) l) jīntiáo *Goldbarren* m) jīnwén *Bronzeinschriften* n) chéngmén *Stadttor* o) chéngshì *Stadt* p) chénglǐrén *Städter* q) yóulǎnchē *Touristenbus* r) yí jiàn zhōng qíng *Liebe auf den ersten Blick* (etwa: *einmal sehen und schon hat's geklingelt*)

Lektion 25

1.

自
旅 行 社
车

自
人 行 道
车

博
动 物 园
馆

2.

请 问
上 课
订 房 间
友 谊
谢 谢
认 识
记 者
语 法
认 识
说 中 文

忙
您
想
意 思
事 情
怎 么
意 思

语 法
汉 字
游 泳
淋 浴
天 津
汽 车
经 济
没 有
游 泳
淋 浴

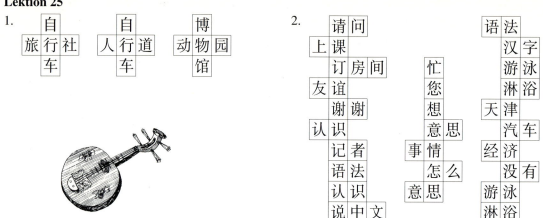

4. a) lìzi *Beispiel* b) rújīn *heutzutage* c) rú shàng *siehe oben* d) rú xià *wie folgt/siehe unten* e) rúyì *wunschgemäß, Szepter* f) shì shì rúyì *möge alles wunschgemäß verlaufen* g) yìjiàn *Meinung* h) yìshí *Bewußtsein* i) yìzhōngrén *Angebetete(r), Flamme* j) sīxiǎng *Gedanke, Ideen* k) yuèlì *Monatskalender* l) yuèqín *Mondlaute* (siehe Illustration) m) yuèjīng *Menstruation* n) yuè xià lǎorén *der Alte im Mond* (der im chinesischen Volksglauben die Ehen stiftet) o) yuètái = zhàntái *Bahnsteig* p) yùrén (=*Jadefrau*) *die Schöne* = měirén 美人 q) yùlán *Magnolie* r) zhèyang *derart* s) yàngzi *Art, Weise* t) kàn yàngzi *es sieht so aus, als ob; anscheinend*

Lektion 26

1. shàngbiān, xiàbiān, qiánbiān, hòubiān, pángbiān, wàibiān, lǐbiān, zuǒbiān, yòubiān, shàngmian, xiàmian, qiánmian, hòumian, wàimian, lǐmian

2. Wǒ dìdi zài zhuōzi **pángbiān** oder **zuǒbiān / qiánbiān, qiánmian / pángbiān** oder **yòubiān / shàng, shàngbiān, shàngmian / hòubiān, hòumian**.
Huāpíng zài zhuōzi **shàng, shàngbiān, shàngmian**.
Māo zài zhuōzi **xià, xiàbiān, xiàmian**.

3.

骑 自 行 车
汽
坐 — 电 — 车
火

4. Dàwèi hé tā de péngyou Yuēhàn zhè ge xīngqī zài Xī'ān yóulǎn. Tāmen shi zuò fēijī lái de. Yuēhàn shi Měiguórén, xiànzài zhùzài Běijīng. Tā zài nàr de yì jiā Měiguó gōngsī gōngzuò. Xī'ān yǒu jǐ jiā dà lǚguǎn, lìrú Jīnhuá Fàndiàn, Zhōnglóu Fàndiàn. Dàwèi hé Yuēhàn zhùzài yì jiā xiǎo lǚguǎn. Tāmen zài nàr dìng le liǎng jiān fángjiān. Dàwèi de fángjiān zài yì lóu, yì líng liù hào. Yuēhàn de zài èr lóu. Fángjiān hěn gānjìng, yǒu cèsuǒ, línyù, yì tiān sìshí kuài.

Xī'ān shi yí ge hěn gǔlǎo de dà chéngshì. Dàwèi hé Yuēhàn yóulǎn le hěn duō lìshǐ gǔjì. Tāmen yě cānguān le yǒumíng de Qínyǒng-Bówùguǎn. Nǐmen zhīdao Qínyǒng yǒu duōshao nián de lìshǐ ma? Yǒu liǎngqiān duō nián de lìshǐ!

Yuēhàn juéde xióngmāo hěn yǒuyìsī. Zuótiān tā yí ge rén qù Xī'ān dòngwùyuán kàn xióngmāo. Tā zài nàr zhào le hěn duō xiàng.

Lektion 27

1. a) Wáng, Zhāng, Lǐ, Fù, Bāo, Fāng, Gǔ, Jīn, Qián, Xiè, Shǐ, Guān, Yuán, Máo, Mǎ, Mǐ, Bèi, Háng, Zuǒ, Shāng, Xióng, Sī, Zhōng, Shī, Yóu, Lóng

   b) Guó, Yīng, Lǎo, Xí, Wén, Hé, Chē, Shuǐ, Ān, Xiāng

   a) 张老师 b) 钱女士 c) 王小姐 d) 史师傅 e) 谢先生 f) 包老师 g) 师女士 h) 古师傅 i) 李老师 j) 毛先生

2. 1d), 2h), 3a), 4f), 5c), 6e), 7b), 8g)

3. 1c), 2h), 3a), 4h), 5g/h), 6b), 7f), 8d), 9e)

4. fēijīpiào 飞机票, zìxíngchē 自行车, lǚxíngshè 旅行社, bówùguǎn 博物馆, dòng-wùyuán 动物园, túshūguǎn 图书馆, xīngqītiān 星期天, fúwùyuán 服务员

5. a) cānguān 参观 b) qí 骑 c) mǎi 买 d) jiào 叫 e) cānguān 参观 f) shuō 说

6. a) rìjì *Tagebuch* b) kǒuyǔ *Umgangssprache* c) kǒuqín *Mundharmonika* d) kǒushuǐ *Speichel* e) kǒucái *Beredsamkeit, Redegabe* f) kǒuchī *stottern* g) kǒuhào *Losung, Parole* h) qǐzi *Flaschen-öffner* i) Rénmín Dàhuì Táng *Große Halle des Volkes (Volkskongreßhalle am Tiān'ānmén-Platz in Peking)* j) àiguó *patriotisch sein* k) shèhuì *Gesellschaft* l) duìmiàn *gegenüber* m) wǔ huā bā mén *mannigfaltig* n) gǔdiǎn *klassisch* o) wénxué *Literatur* p) gǔdiǎn wénxué *klassische Literatur* q) zìdiǎn *Zeichen-Lexikon* r) xīnfáng *Brautgemach* s) xīnnián *Neujahr* t) xīnwén *Nachrichten* u) xīnyuè *Neumond*

Lektion 28

2. a) bié (Prohibitiv: *tu's nicht!*) / guǎi *abbiegen* b) dēng *Lampe* / dìng *bestellen* c) zì *selber* / xī *Atem, rasten* d) zhù *wohnen* / wàng *in Richtung ...*

3. Běijīng 北京, Nánjīng 南京, Dōngjīng 东京, Xī'ān 西安, Tiānjīn 天津, Hángzhōu 杭州, Táiběi 台北, Táinán 台南, Táidōng 台东, Táizhōng 台中

4. a) kǒuhóng *Lippenstift* b) Shāndōng (Provinz, östl. des Tàiháng-Gebirges) c) Shānxī (Provinz, westl. des Tàiháng-Gebirges) d) shāndì *Gebirgsgegend* e) shānkǒu *Gebirgspaß* f) shānshuǐ *Land-schaft (Berge + Wasser)* g) kāi huì *eine Versammlung abhalten* h) kāi chē *einen Wagen fahren* i) kāi fēijī *ein Flugzeug fliegen, steuern* j) kāi dēng *Licht anmachen* k) kāi fāngzi *ein Rezept aus-stellen* l) kāishuǐ *abgekochtes Wasser* m) shuǐ kāile *das Wasser kocht* n) kāi huǒ *eröffnet das Feu-er!* o) kāi gōng *die Arbeit/den Betrieb aufnehmen* p) kāiguān *elektr. Schalter* q) kāi huā *blühen* r) kāi lǜdēng *grünes Licht geben* s) kāi mén jiàn shān *ohne Umschweife zum Thema kommen* (wörtl. *die Tür öffnen und den Berg gewahren*) t) chūlù *Ausweg* u) lùkǒu *Straßenecke* v) shízì lùkǒu *Straßenkreuzung* (wörtl. *Straßenecke, die wie das Schriftzeichen „zehn" aussieht*) w) lùbiān *Straßenrand* x) lùshang *unterwegs*

5. a) zum rechten Pfeil b) zum linken Pfeil c) zum mittleren Pfeil

6. a) A: Xiǎolóng, wǒ zhǎo wǒ xiě de xìn. Nǐ zhīdao zài nǎr ma?

   B: Zài zhuō shàng, nǐ kàn, jiù zài nǐ de yǎnjìng xiàmian.

   A: Āiyō, wǒ zhēn hútu, méi dài yǎnjìng. Xièxie nǐ. Xiǎolóng, wǒ qù yóujú le.

   B: Hǎo, wǒ zài jiā.

   b) A: Xiǎo Wáng, wǒ xiǎng qíqí nǐ zuótiān mǎi de zìxíngchē.

   B: Chē zài wàimian. Nǐ qù qí ba!

A: Chēzi zài fángzi qiánmian ma?

B: Bù, zài hòumian.

A: Hǎo, wǒ qù qí le.

B: Xiǎo Lǐ, děng yíxià!

A: Shénme shì?

B: Nǐ méi ná yàoshi. Yàoshi hái zài wǒ de píbāo li, wǒ qù ná.

A: Wǒ zài ménkǒu děng nǐ.

c) A: Shīfù, wǒ xiǎng kànkan nà ge nuǎnshuǐpíng.

B: Nǎ ge? Zhè ge ma?

A: Bù, pángbiān de nà ge.

B: Zuǒbiān de ma?

A: Bù, yòubiān de.

B: Wǒ zhīdao le ... Nǐ kànkan! ... Zěnmeyàng?

B: Bú cuò. Duōshao qián?

B: Bā kuài jiǔ.

A: Hǎo, wǒ mǎi zhè ge. Duì le, wǒ xūyào jǐ zhāng yóupiào. Zhèr fùjìn yǒu yóupiào ma?

B: Yǒu. Wǒmen duìmian jiù yǒu yí ge xiǎo yóujú.

d) A: Ānlì, wǒ xiǎng kànyíkàn nǐ zài Xīnhuá Shūdiàn mǎi de nà běn zìdiǎn.

B: Duìbuqǐ, zìdiǎn xiànzài bú zài wǒ zhèr, zài Mǎlì nàr. Nǐ kěyǐ qù tā nàr ná.

A: Tā zhùzài jǐ lóu? Fángjiān jǐ hào?

B: Sì lóu, sì líng liù hào.

A: Hǎo. Nàme, wǒ xiànzài qù tā nàr.

Lektion 29

1. a) děng *warten* / dài *behandeln* oder dāi *bleiben, weilen*
   b) xiào *von Liebe und Respekt gegenüber den Eltern erfüllt* / jiāo *unterrichten*
   c) yuán *anfänglich, Währungseinheit, Mongolen-Dynastie* / wán *sich amüsieren, spielen* / yuǎn *weit entfernt*
   d) dà *groß* / fū *Ehemann* / tiān *Himmel, Tag*

2. dé *erlangen, bekommen*; Dé *Charisma, Tugend*, Abk. f. *deutsch*, dāi/dài *weilen/behandeln*; wàng *in Richtung ..., nach ...*; hěn *sehr*

   xiū, wàng, zhù, dāi/dài, fù, hěn, hòu, dé, lì, děi, jiē, mèn, xíng/háng

   a) Duìbuqǐ, wǒ **děi** 得 zǒu le. b) Zhè tiáo **jiē** 街 méi yǒu yóujú. c) Tā xuéxí **Dé** 德 wén. d) Běi-jīng Fàndiàn **hěn** 很 yuǎn. e) **Wàng** 往 yòu guǎi! f) Wǒ zài Dōngjīng **dāi** 待 le liǎng ge xīngqī.
   g) Zhè liàng xīn zì**xíng** 行 chē shi nǐ de ma?

3. yuǎn, yíng, guò, biān, jìn, jī, zhè, dào, hái
   a) Huān**yíng** 迎 nǐmen dào wǒ jiā lái. b) Yóujú fù**jìn** 近 yǒu yì jiā yínháng. c) **Zhè** 这 r bù néng **guò** 过 mǎlù. d) Wǒ yě bù zhīdao 道 Qián xiānsheng zhùzài nǎr. e) Nǐmen jīntiān **hái** 还 shi míngtiān qù cānguān Xī'ān de gǔ**jī** 迹? f) Dào fēijīchǎng hěn **yuǎn** 远, wǒmen zuì hǎo zuò chūzū-qìchē qù. g) Nǐ kàn, túshūguǎn páng**biān** 边 shi lìshǐ-bówùguǎn.

Aus welchem Traum schreckt Frau Lǐ? Yì zhī dà xióngmāo chī le wǒ érzi! (weniger grausam: Wǒ érzi chī le yì zhī dà xióngmāo.)

4. A: Qǐngwèn, dào Mòchóulù zěnme zǒu?

B: Nǐ yào zǒu lù a! Zǒu lù hěn yuǎn.

A: Yào zǒu duō jiǔ?

B: Cóng zhèr zǒu yào bàn ge zhōngtóu. Nǐ zuò chē ba!

A: Shìbushi zuò diànchē?

B: Diànchē yě dào nàr, búguò yào huàn chē, bù rú zuò gōnggòng-qìchē.

A: Zuò jǐ lù?

B: Zuò sān lù.

A: Zài nǎr shàng chē?

B: Chēzhàn zài qiánmian. Wàng qián zǒu, guò yì tiáo mǎlù, jiù dào le.

A: Zài nǎ zhàn xià chē?

B: Jiù zài Mòchóulù-zhàn xià.

A: Duìbuqǐ, nǐ zhī bu zhīdao nǎr yǒu yóujú?

B: Zhōngshānlù yǒu.

A: Lù yuǎn bu yuǎn?

B: Bú tài yuǎn. Nǐ xiān wàng qián zǒu, dào le shízì-lùkǒu, wàng zuǒ guǎi, zài wàng qián zǒu, dào le dì èr ge hónglǜdēng, wàng yòu guǎi, zài zǒu sān sì fēnzhōng, jiù dào le.

A: Yóujú zhōngwǔ shì bu shi yě kāi mén?

B: Duì. Tāmen zhōngwǔ bù xiūxì.

A: Hǎo, xièxie.

A: Nǐ shì bu shi liúxuéshēng?

B: Shìde. Wǒ zài Běijīng xuéxí.

A: Ā, nǐ shi cóng Běijīng lái de! Huānyíng, huānyíng!

B: Xièxie! Wǒ dì yī cì dào Nánjīng lái. Kěxí zhǐ néng dāi yí ge xīngqī. Tīngshuō Nánjīng hǎowán de dìfang hěn duō, shì bu shi?

A: Kěbúshi! Míngxiàolíng nǐ yóulǎn le méiyǒu?

B: Hái méiyǒu. Wǒ hòutiān qù.

A: Nǐ zhīdao bu zhīdao zěnme qù?

B: Wǒ de yí ge péngyou péi wǒ qù. Tā shi Nánjīngrén.

A: Jīntiān tiānqì zhème hǎo, qù Fūzǐmiào de rén yídìng hěn duō.

B: Zài nàr wǒ zhǐ xiǎng dāi yí ge xiǎoshí. Nǐ néng bu néng děng wǒ? Wǒ hái yào qù Nánjīng-Bówùguǎn.

A: Xíng, méi wèntí.

Lektion 30

Links:

Dōngdān (Stadtteil in Peking). Links daneben, von oben nach unten geschrieben: yèbān *Nachtschicht*, hier: *Nachtbus*; unter der Zahl: xià zhàn *nächste Haltestelle* Wángfǔjǐng; darunter (weiß auf dunklem Grund): kāi wǎng Qīlǐzhuāng.

Rechts:

Neben der Zahl 205: xíngchē jiàngé *zeitl. Abstand der Fahrten*, d.h. die Busse fahren im Abstand von ... Minuten.

Weiß auf dunklem Grund: yèbān gōnggòng-qìchē, dān yí piàojià wǔ jiǎo. *Nachtbus, Einzelfahrschein 5 Jiǎo.*

Darunter die Namen aller Stationen, jeweils von oben nach unten geschrieben, in Pfeilrichtung:

a) Bāwáng**fén** b) **Láng**jiāyuán c) Dàběi**yáo** d) Yǒng'ānlǐ e) Rì**tán**lù f) Běijīng zhànkǒu g) Dōngdān h) Wáng**fǔjǐng** i) Tiān'ānmén j) Zhōngshān gōngyuán k) Liù**bù**kǒu l) Xīdān m) Mín**zú**wén**huà**gōng n) **Fù**xīngmén o) **Lǐ**shìlù p) Gōnghuì Dàlóu q) **Mùxī**dì r) **Jūn**shì bówùguǎn s) Gōng**zhǔfén** t) Shí**fāng**yuàn (das 1. Zeichen haben Sie als **shén** gelernt, hier gilt die Lesung **shí**) u) Liùlǐ**qiáo** Běilǐ v) Liùlǐ**qiáo** Nánlǐ w) Xījú x) Dōng**guǎn**tóu y) **Fēng**tái Běilù z) Qīlǐ**zhuāng**

Quellen:

Ann, T. K.: Cracking the Chinese Puzzles, 5 vols., Hong Kong 1982

Chang, Tsung-tung: Der Kult der Shang-Dynastie im Spiegel der Orakelinschriften. Eine paläographische Studie zur Religion im archaischen China, Wiesbaden 1970

Fun with Chinese Characters, 3 vols, The Straits Times Collection, Singapur 1983

Lindqvist, Cecilia: Eine Welt aus Zeichen. Über die Chinesen und ihre Schrift, München 1990

Wang, Hongyuan: The Origins of Chinese Characters, Peking 1993

Wilder, George: Analysis of Chinese Characters, Peking 1923

Woon, Wee-Lee: Chinese Writing. Its Origin and Evolution, Macao 1987

Strichzahlindex

Zeichen	Aussprache	Lektion	Nr.	Zeichen	Aussprache	Lektion	Nr.	Zeichen	Aussprache	Lektion	Nr.
1 Strich				**4 Striche**				月	yuè	20	250
一	yī	1	1	五	wǔ	1	5	水	shuǐ	26	316
2 Striche				书	shū	6	63	**5 Striche**			
七	qī	1	7	六	liù	1	6	永	yǒng	30	388
了	le	6	59	订	dìng	18	221	东	dōng	15	179
九	jiǔ	1	9	认	rèn	7	76	丝	sī	17	210
二	èr	1	2	元	yuán	16	190	半	bàn	12	141
十	shí	1	10	支	zhī	30	374	生	shēng	3	26
人	rén	2	12	历	lì	25	305	司	sī	21	262
八	bā	1	8	友	yǒu	11	134	市	shì	15	180
儿	ér	5	47	午	wǔ	10	115	记	jì	22	270
几	jǐ	5	48	什	shén	4	43	古	gǔ	23	275
3 Striche				从	cóng	29	352	右	yòu	26	322
才	cái	14	165	今	jīn	10	116	左	zuǒ	26	321
三	sān	1	3	以	yǐ	9	104	写	xiě	27	334
川	chuān	14	166	分	fēn	12	143	用	yòng	19	228
久	jiǔ	29	355	公	gōng	21	261	们	men	6	60
么	me	4	44	双	shuāng	15	189	他	tā	2	21
也	yě	14	164	开	kāi	28	343	兰	lán	24	298
习	xí	3	27	夫	fū	29	354	包	bāo	27	333
飞	fēi	18	223	太	tài	11	127	对	duì	8	91
干	gān	24	289	币	bì	16	198	台	tái	13	156
千	qiān	24	292	少	shǎo	16	202	北	běi	6	66
上	shàng	10	113	火	huǒ	13	152	汉	hàn	7	79
下	xià	10	114	文	wén	3	24	边	biān	26	312
卫	wèi	30	411	方	fāng	22	263	巧	qiǎo	30	390
门	mén	18	219	王	wáng	4	37	节	jié	19	229
工	gōng	6	65	天	tiān	10	118	头	tóu	29	358
士	shì	4	40	不	bù	2	13	打	dǎ	30	399
大	dà	5	56	车	chē	5	53	号	hào	20	251
口	kǒu	27	330	日	rì	2	16	叫	jiào	4	42
山	shān	28	346	中	zhōng	2	14	可	kě	9	103
女	nǚ	4	39	贝	bèi	7	83	史	shǐ	11	138
子	zǐ	5	49	见	jiàn	12	146	只	zhǐ	20	245
马	mǎ	16	194	气	qì	11	129	四	sì	1	4
小	xiǎo	5	55	毛	máo	16	193	出	chū	21	253

Zeichen	Aussprache	Lektion	Nr.	Zeichen	Aussprache	Lektion	Nr.	Zeichen	Aussprache	Lektion	Nr.
外	wài	26	320	过	guò	28	342	汽	qì	21	255
务	wù	24	296	场	chǎng	15	181	床	chuáng	20	242
本	běn	2	17	地	dì	22	269	间	jiān	18	220
电	diàn	13	157	吃	chī	14	168	还	hái	6	69
玉	yù	25	310	吗	ma	3	34	近	jìn	26	314
去	qù	9	106	回	huí	21	252	迎	yíng	29	361
龙	lóng	11	137	岁	suì	12	139	远	yuǎn	29	362
皮	pí	27	332	行	xíng/háng	5	52	这	zhè	4	35
民	mín	16	199	多	duō	12	145	块	kuài	16	191
6 Striche				名	míng	4	45	坐	zuò	17	203
州	zhōu	17	205	妈	mā	7	75	花	huā	23	276
再	zài	13	159	如	rú	25	300	找	zhǎo	18	226
师	shī	3	30	她	tā	2	22	吧	ba	30	405
乒	pāng	30	368	红	hóng	28	337	听	tīng	28	347
乓	pīng	30	367	约	yuē	30	400	员	yuán	6	71
买	mǎi	9	105	灯	dēng	28	339	园	yuán	23	277
次	cì	29	351	老	lǎo	3	29	条	tiáo	15	176
华	huá	30	383	共	gòng	16	200	局	jú	27	329
有	yǒu	5	54	机	jī	18	224	饭	fàn	14	169
在	zài	6	61	早	zǎo	20	249	张	zhāng	4	38
年	nián	20	247	百	bǎi	11	130	好	hǎo	7	74
伦	lún	30	370	米	mǐ	17	209	系	xì	15	187
休	xiū	28	348	西	xī	15	178	社	shè	19	235
后	hòu	20	246	自	zì	5	51	玛	mǎ	30	410
会	huì	21	258	**7 Striche**				孝	xiào	29	360
伞	sǎn	30	406	丽	lì	8	94	来	lái	9	107
关	guān	15	186	两	liǎng	5	57	李	lǐ	27	331
兴	xīng	30	379	识	shí	7	77	我	wǒ	2	19
动	dòng	23	282	译	yì	30	366	时	shí	10	122
先	xiān	4	41	克	kè	16	195	邮	yóu	27	328
那	nà	8	89	别	bié	14	173	走	zǒu	18	227
观	guān	23	281	你	nǐ	2	20	里	lǐ	20	240
欢	huān	9	112	住	zhù	7	80	角	jiǎo	16	192
忙	máng	14	171	作	zuò	6	68	**8 Striche**			
安	ān	8	92	弟	dì	12	150	事	shì	18	222
字	zì	4	46	附	fù	26	313	京	jīng	6	67
问	wèn	17	208	没	méi	6	70	夜	yè	20	248

Zeichen	Aussprache	Lektion	Nr.	Zeichen	Aussprache	Lektion	Nr.	Zeichen	Aussprache	Lektion	Nr.
些	xiē	19	238	所	suǒ	23	285	怎	zěn	20	241
厕	cè	23	284	服	fú	24	295	树	shù	22	268
刻	kè	12	142	朋	péng	12	149	相	xiàng	9	100
例	lì	25	299	空	kòng	10	121	星	xīng	13	162
单	dān	17	213	知	zhī	14	174	昨	zuó	24	293
典	diǎn	27	326	和	hé	4	36	贵	guì	7	84
参	cān	23	280	的	de	3	28	觉	jué/jiào	20	244
法	fǎ	2	18	卷	juǎn	30	373	览	lǎn	24	291
泳	yǒng	22	265	到	dào	13	154	故	gù	21	256
店	diàn	9	110	青	qīng	30	363	看	kàn	9	108
庙	miào	29	357	雨	yǔ	18	217	思	sī	25	302
定	dìng	21	260	金	jīn	24	287	钢	gāng	30	375
宜	yí	15	184	**9 Striche**				钥	yào	30	381
英	yīng	3	31	面	miàn	12	148	钟	zhōng	24	294
拐	guǎi	28	341	说	shuō	21	259	种	zhǒng	17	206
拉	lā	22	272	语	yǔ	7	78	差	chà	12	144
哎	āi	30	402	南	nán	28	345	美	měi	8	93
咖	kā	10	125	便	pián	15	183	要	yào	9	102
呢	ne	30	404	信	xìn	27	335	是	shì	2	23
国	guó	2	15	俑	yǒng	30	394	食	shí	19	232
图	tú	6	62	前	qián	26	318	**10 Striche**			
往	wàng	28	340	济	jì	8	96	课	kè	11	133
姐	jiě	12	151	津	jīn	13	161	请	qǐng	17	207
妹	mèi	8	87	宫	gōng	21	257	谁	shéi	30	412
姓	xìng	8	86	客	kè	11	128	谊	yì	11	135
学	xué	3	25	闻	wén	25	306	真	zhēn	7	81
经	jīng	8	95	迹	jī	23	283	候	hòu	10	123
房	fáng	18	218	城	chéng	24	288	陵	líng	30	385
现	xiàn	12	147	茶	chá	19	230	陪	péi	19	239
玩	wán	29	359	哪	nǎ	8	90	难	nán	19	237
者	zhě	22	271	哟	yō	30	401	能	néng	15	188
杭	háng	17	204	待	dāi	29	353	涂	tú	30	396
松	sōng	30	364	很	hěn	14	170	浴	yù	25	304
明	míng	10	117	饺	jiǎo	30	391	宫	gōng	21	257
货	huò	11	131	孩	hái	5	50	家	jiā	10	120
爸	bà	7	85	结	jié	7	72	莉	lì	30	389
物	wù	23	279	点	diǎn	12	140	莫	mò	30	386

171

Zeichen	Aussprache	Lektion	Nr.	Zeichen	Aussprache	Lektion	Nr.	Zeichen	Aussprache	Lektion	Nr.
啊	ā	30	403	骑	qí	26	311	暖	nuǎn	26	315
哥	gē	8	88	绸	chóu	17	211	新	xīn	27	336
旅	lǚ	19	236	绿	lǜ	28	338	睡	shuì	20	243
旁	páng	26	319	您	nín	17	215	错	cuò	27	324
球	qiú	30	369	辆	liàng	8	97	舅	jiù	30	398
样	yàng	25	309	匙	shi	30	382	跟	gēn	17	212
桌	zhuō	26	323	晚	wǎn	10	119	路	lù	28	344
瓶	píng	26	317	教	jiāo	3	33	零	líng	24	297
特	tè	14	172	堂	táng	19	233	意	yì	25	301
拿	ná	11	132	眼	yǎn	30	377	**14 Striche**			
爱	ài	7	82	银	yín	16	196	熊	xióng	25	307
胶	jiāo	30	372	聊	liáo	30	397	需	xū	22	267
站	zhàn	13	153	票	piào	19	234	**15 Striche**			
秦	qín	30	393	第	dì	19	231	德	dé	3	32
留	liú	29	356	**12 Striche**				影	yǐng	13	158
钱	qián	16	197	就	jiù	30	384	糊	hú	30	395
租	zū	21	254	谢	xiè	11	136	鞋	xié	15	185
料	liào	17	214	博	bó	23	278	**16 Striche**			
笔	bǐ	30	376	傅	fù	27	327	镜	jìng	30	378
息	xī	28	349	游	yóu	22	264	糕	gāo	30	409
航	háng	22	266	道	dào	14	175	翰	hàn	30	407
起	qǐ	13	160	喜	xǐ	9	111	**17 Striche**			
11 Striche				换	huàn	16	201	糟	zāo	30	408
商	shāng	9	109	提	tí	22	273	戴	dài	30	392
做	zuò	5	58	喝	hē	10	124	**18 Striche**			
隆	lóng	30	380	街	jiē	15	177	翻	fān	30	365
净	jìng	24	290	琴	qín	22	274				
淋	lín	25	303	最	zuì	15	182				
情	qíng	18	225	敦	dūn	30	371				
惜	xī	30	387	期	qī	13	163				
菜	cài	14	167	等	děng	27	325				
接	jiē	13	155	**13 Striche**							
啡	fēi	10	126	照	zhào	9	99				
得	děi	18	216	愁	chóu	29	350				
馆	guǎn	6	64	想	xiǎng	9	101				
猫	māo	25	308	福	fú	8	98				
婚	hūn	7	73	楼	lóu	23	286				

Aussspracheindex

Aussprache	Zeichen	Lektion	Nr.	Aussprache	Zeichen	Lektion	Nr.	Aussprache	Zeichen	Lektion	Nr.
A				chuáng	床	20	242	fān	翻	30	365
ā	啊	30	403	cì	次	29	351	fàn	饭	14	169
āi	哎	30	402	cóng	从	29	352	fāng	方	22	263
ài	爱	7	82	cuò	错	27	324	fáng	房	18	218
ān	安	8	92	**D**				fēi	啡	10	126
B				dǎ	打	30	399	fēi	飞	18	223
ba	吧	30	405	dà	大	5	56	fēn	分	12	143
bā	八	1	8	dāi	待	29	353	fū	夫	29	354
bà	爸	7	85	dài	戴	30	392	fú	福	8	98
bǎi	百	11	130	dān	单	17	213	fú	服	24	295
bàn	半	12	141	dào	到	13	154	fù	傅	27	327
bāo	包	27	333	dào	道	14	175	fù	附	26	313
běi	北	6	66	de	的	3	28	**G**			
bèi	贝	7	83	dé	德	3	32	gān	干	24	289
běn	本	2	17	děi	得	18	216	gāng	钢	30	375
bǐ	笔	30	376	dēng	灯	28	339	gāo	糕	30	409
bì	币	16	198	děng	等	27	325	gē	哥	8	88
biān	边	26	312	dì	弟	12	150	gēn	跟	17	212
bié	别	14	173	dì	第	19	231	gōng	工	6	65
bó	博	23	278	dì	地	22	269	gōng	公	21	261
bù	不	2	13	diǎn	点	12	140	gōng	宫	21	257
C				diǎn	典	27	326	gòng	共	16	200
cái	才	14	165	diàn	店	9	110	gǔ	古	23	275
cài	菜	14	167	diàn	电	13	157	gù	故	21	256
cān	参	23	280	dìng	订	18	221	guǎi	拐	28	341
cè	厕	23	284	dìng	定	21	260	guān	关	15	186
chá	茶	19	230	dōng	东	15	179	guān	观	23	281
chà	差	12	144	dòng	动	23	282	guǎn	馆	6	64
chǎng	场	15	181	duì	对	8	91	guì	贵	7	84
chē	车	5	53	dūn	敦	30	371	guó	国	2	15
chéng	城	24	288	duō	多	12	145	guò	过	28	342
chī	吃	14	168	**E**				**H**			
chóu	愁	29	350	ér	儿	5	47	hái	还	6	69
chóu	绸	17	211	èr	二	1	2	hái	孩	5	50
chū	出	21	253	**F**				hàn	汉	7	79
chuān	川	14	166	fǎ	法	2	18	hàn	翰	30	407

Aussprache	Zeichen	Lektion	Nr.	Aussprache	Zeichen	Lektion	Nr.	Aussprache	Zeichen	Lektion	Nr.
háng	行	5	52	jiē	街	15	177	le	了	6	59
háng	杭	17	204	jié	结	7	72	lǐ	李	27	331
háng	航	22	266	jié	节	19	229	lǐ	里	20	240
hǎo	好	7	74	jiě	姐	12	151	lì	丽	8	94
hào	号	20	251	jīn	今	10	116	lì	历	25	305
hē	喝	10	124	jīn	金	24	287	lì	例	25	299
hé	和	4	36	jīn	津	13	161	lì	莉	30	389
hěn	很	14	170	jìn	近	26	314	liǎng	兩	5	57
hóng	红	28	337	jīng	京	6	67	liàng	辆	8	97
hòu	候	10	123	jīng	经	8	95	liáo	聊	30	397
hòu	后	20	246	jìng	净	24	290	liào	料	17	214
hú	糊	30	395	jìng	镜	30	378	lín	淋	25	303
huā	花	23	276	jiǔ	九	1	9	líng	零	24	297
huá	华	30	383	jiǔ	久	29	355	líng	陵	30	385
huān	欢	9	112	jiù	就	30	384	liú	留	29	356
huàn	换	16	201	jiù	舅	30	398	liù	六	1	6
huí	回	21	252	jú	局	27	329	lóng	龙	11	137
huì	会	21	258	juǎn	卷	30	373	lóng	隆	30	380
hūn	婚	7	73	jué	觉	20	244	lóu	楼	23	286
huǒ	火	13	152	**K**				lù	路	28	344
huò	货	11	131	kā	咖	10	125	lǚ	旅	19	236
J				kāi	开	28	343	lǜ	绿	28	338
jī	机	18	224	kàn	看	9	108	lún	伦	30	370
jī	迹	23	283	kě	可	9	103	**M**			
jǐ	几	5	48	kè	刻	12	142	ma	吗	3	34
jì	济	8	96	kè	克	16	195	mā	妈	7	75
jì	记	22	270	kè	客	11	128	mǎ	马	16	194
jiā	家	10	120	kè	课	11	133	mǎ	玛	30	410
jiān	间	18	220	kòng	空	10	121	mǎi	买	9	105
jiàn	见	12	146	kǒu	口	27	330	máng	忙	14	171
jiāo	教	3	33	kuài	块	16	191	māo	猫	25	308
jiāo	胶	30	372	**L**				máo	毛	16	193
jiǎo	角	16	192	lā	拉	22	272	me	么	4	44
jiǎo	饺	30	391	lái	来	9	107	méi	没	6	70
jiào	叫	4	42	lán	兰	24	298	měi	美	8	93
jiào	觉	20	244	lǎn	览	24	291	mèi	妹	8	87
jiē	接	13	155	lǎo	老	3	29	men	们	6	60

Aussprache	Zeichen	Lektion	Nr.	Aussprache	Zeichen	Lektion	Nr.	Aussprache	Zeichen	Lektion	Nr.
mén	门	18	219	qì	汽	21	255	shì	市	15	180
mǐ	米	17	209	qiān	千	24	292	shì	事	18	222
miàn	面	12	148	qián	钱	16	197	shū	书	6	63
miào	庙	29	357	qián	前	26	318	shù	树	22	268
mín	民	16	199	qiǎo	巧	30	390	shuāng	双	15	189
míng	名	4	45	qín	秦	30	393	shuǐ	水	26	316
míng	明	10	117	qín	琴	22	274	shuì	睡	20	243
mò	莫	30	386	qīng	青	30	363	shuō	说	21	259
N				qíng	情	18	225	sī	丝	17	210
ná	拿	11	132	qǐng	请	17	207	sī	思	25	302
nǎ	哪	8	90	qiú	球	30	369	sī	司	21	262
nà	那	8	89	qù	去	9	106	sì	四	1	4
nán	难	19	237	**R**				sōng	松	30	364
nán	南	28	345	rén	人	2	12	suì	岁	12	139
ne	呢	30	404	rèn	认	7	76	suǒ	所	23	285
néng	能	15	188	rì	日	2	16	**T**			
nǐ	你	2	20	rú	如	25	300	tā	他	2	21
nián	年	20	247	**S**				tā	她	2	22
nín	您	17	215	sān	三	1	3	tái	台	13	156
nǚ	女	4	39	sǎn	伞	30	406	tài	太	11	127
nuǎn	暖	26	315	shān	山	28	346	táng	堂	19	233
P				shāng	商	9	109	tè	特	14	172
pāng	乒	30	368	shàng	上	10	113	tí	提	22	273
páng	旁	26	319	shǎo	少	16	202	tiān	天	10	118
péi	陪	19	239	shè	社	19	235	tiáo	条	15	176
péng	朋	12	149	shéi	谁	30	412	tīng	听	28	347
pí	皮	27	332	shén	什	4	43	tóu	头	29	358
pián	便	15	183	shēng	生	3	26	tú	图	6	62
piào	票	19	234	shi	匙	30	382	tú	涂	30	396
pīng	乓	30	367	shī	师	3	30	**W**			
píng	瓶	26	317	shí	十	1	10	wài	外	26	320
Q				shí	识	7	77	wán	玩	29	359
qī	七	1	7	shí	时	10	122	wǎn	晚	10	119
qī	期	13	163	shí	食	19	232	wáng	王	4	37
qí	骑	26	311	shǐ	史	11	138	wàng	往	28	340
qǐ	起	13	160	shì	是	2	23	wèi	卫	30	411
qì	气	11	129	shì	士	4	40	wén	文	3	24

Aussprache	Zeichen	Lektion	Nr.	Aussprache	Zeichen	Lektion	Nr.	Aussprache	Zeichen	Lektion	Nr.
wén	闻	25	306	yàng	样	25	309	zài	再	13	159
wèn	问	17	208	yào	要	9	102	zāo	糟	30	408
wǒ	我	2	19	yào	钥	30	381	zǎo	早	20	249
wǔ	五	1	5	yě	也	14	164	zěn	怎	20	241
wǔ	午	10	115	yè	夜	20	248	zhàn	站	13	153
wù	物	23	279	yī	一	1	1	zhāng	张	4	38
wù	务	24	296	yí	宜	15	184	zhǎo	找	18	226
X				yǐ	以	9	104	zhào	照	9	99
xī	西	15	178	yì	谊	11	135	zhě	者	22	271
xī	息	28	349	yì	意	25	301	zhè	这	4	35
xī	惜	30	387	yì	译	30	366	zhēn	真	7	81
xí	习	3	27	yín	银	16	196	zhī	知	14	174
xǐ	喜	9	111	yīng	英	3	31	zhī	支	30	374
xì	系	15	187	yíng	迎	29	361	zhǐ	只	20	245
xià	下	10	114	yǐng	影	13	158	zhōng	中	2	14
xiān	先	4	41	yō	哟	30	401	zhōng	钟	24	294
xiàn	现	12	147	yǒng	永	30	388	zhǒng	种	17	206
xiǎng	想	9	101	yǒng	泳	22	265	zhōu	州	17	205
xiàng	相	9	100	yǒng	俑	30	394	zhù	住	7	80
xiǎo	小	5	55	yòng	用	19	228	zhuō	桌	26	323
xiào	孝	29	360	yóu	游	22	264	zǐ	子	5	49
xiē	些	19	238	yóu	邮	27	328	zì	字	4	46
xié	鞋	15	185	yǒu	有	5	54	zì	自	5	51
xiě	写	27	334	yǒu	友	11	134	zǒu	走	18	227
xiè	谢	11	136	yòu	右	26	322	zū	租	21	254
xīn	新	27	336	yǔ	雨	18	217	zuì	最	15	182
xìn	信	27	335	yǔ	语	7	78	zuó	昨	24	293
xīng	星	13	162	yù	玉	25	310	zuǒ	左	26	321
xīng	兴	30	379	yù	浴	25	304	zuò	作	6	68
xíng	行	5	52	yuán	员	6	71	zuò	做	5	58
xìng	姓	8	86	yuán	元	16	190	zuò	坐	17	203
xióng	熊	25	307	yuán	园	23	277				
xiū	休	28	348	yuǎn	远	29	362				
xū	需	22	267	yuē	约	30	400				
xué	学	3	25	yuè	月	20	250				
Y				**Z**							
yǎn	眼	30	377	zài	在	6	61				